那振玲◎编著

不可不知的文化
不可不懂的常识

中国人最易误解的文化常识

教授不一定清楚了解的文化常识
老师也常常误解误用的词语典故

新世界出版社
NEW WORLD PRESS

图书在版编目（CIP）数据

中国人最易误解的文化常识 / 那振玲编著. —北京：新世界出版社，2011.5

ISBN 978-7-5104-1777-1

Ⅰ.①中… Ⅱ.①那… Ⅲ.①中华文化－基本知识 Ⅳ.①K203

中国版本图书馆CIP数据核字(2011)第059227号

中国人最易误解的文化常识

作　　者: 那振玲
责任编辑: 余守斌　邓东文
责任印制: 李一鸣　黄厚清
出版发行: 新世界出版社
社　　址: 北京西城区百万庄大街24号（100037）
发 行 部: (010) 6899 5968　　(010) 6899 8733 (传真)
总 编 室: (010) 6899 5424　　(010) 6832 6679 (传真)
http://www.nwp.cn
http://www.newworld-press.com
版 权 部: +8610 6899 6306
版权部电子信箱: frank@nwp.com.cn
印　　刷: 北京华戈印务有限公司
经　　销: 新华书店
开　　本: 787×1092　1/16
字　　数: 250千字　　印　　张：16.25
版　　次: 2011年6月第1版　2011年6月第1次印刷
书　　号: ISBN 978-7-5104-1777-1
定　　价: 29.80元

前言

我一直认为品味中华文化，就是在进行考古研究，没有看似简单的东西，只有考究不到的存在事实。

中华文化发展至今，已有5000多年的历史，源远流长的华夏文明史，是谁在不辞辛苦地记录着？又是谁在传承着？是文字，也只有文字在默默地见证着中华文化的成长历程。因此，文字就不是简单的文字了，它是画，是故事，是中华文化千年来的倾情演出。

结束本书的编写，我有如释重负的感觉，我完成的是沉甸甸的文化溯源。面对现如今的用谐音、取近字、借用、误用等对文字随心所欲地使用的行为，本书的编写并不轻松。

对文字的取近道，是对中华文化史的忽略。如果人家不问你姓名就用张三代称你，你愿意吗？人云亦云也许没错，以讹传讹却是实在的错。

本书基于充当你良师益友的目的，为你增长文化知识。全书分为词语辨晰、典故考对、民风礼仪点拨、人物追踪四个板块，为你讲述你易误解的、想知道的、该知道的文化常识。

公众人物，手写、口出“辛辛（xīn xīn）学子”，“莘莘（shēn shēn）学子”就难写绕口了？有人说我们的热情如“七月流火”一样地高涨，“七月流火”说的却是天气开始变凉了，与其相呼应的是“九月授衣”；有人用“始作俑者”去形容领头做好事的人，可这个成语说的却是开头做不好事的坏人！

你知道中华文化源于何，又止于何吗？我们现在用“鸳鸯”说夫妻，可曾经它指兄弟；“凤凰”为何偏倚“梧桐”？东西为什么不叫“南北”？“跳槽”曾经可是青楼语！

触霉头的话有哪些？为什么不能随便请人“入瓮”？“大传”可不是伟大的传记！

“一不做，二不休”是道选择题，“草船借箭”的是孙权，“三生石”上面的故事很感人！

引用古文，影射古事，或为学习，或为提升个人的品味修养，既然是有用的目的那就不要用错的好。

《中国人最易误解的文化常识》一书致力于溯源文字，纠正、普及文化知识，尤为注重准确性、可读性、趣味性的统一。本书大量收入媒体高频错用、高考成语错例以及日常生活中被习以为常的文化误用。

在书中不但提供了上述误解的详尽的文字出处，还引入了相关史料。在文史考对过程中，全书兼顾了对距离遥远的仁信礼义和爱恨情仇故事的讲述，力求展示给你最真实、最丰富的文史原貌，相信本书能点到你最易误解的文化知识，并提供你最想知道的文化知识。

本书将是你走出文化误解，准确应用文字，提升个人文化修养的最好选择。你是学生，你是老师，你是大学教授，你是公众人物，无论你是谁你需要它。

或日常生活，或书写文稿，文字可以让我们随心所欲地表达任意情愫。但是我们却不可对文字任意放纵，对于华夏文明史我们要给予起码的尊重，并有责任传承下去。

中华文化是一场场有血有肉的倾情演出的累积，在这里，我邀你同赏。

目　录

词语辨析

目　录

目 录

典故考对

目　录

目　录

民俗、礼仪点拨

目 录

目　录

目　录

1

词语辨析

“七月流火”天变凉

“七月流火”这个词语，因为某位大学校长的致辞，而让我们不得不注目。

某大学校长在一次欢迎外宾来访的仪式上，致辞道：

“七月流火，但充满热情的岂止是天气。”

用“七月流火”代指欢迎外宾到来的热情，这看似很对。公历七月正值盛夏，赤日炎炎，火热的天气比喻火热的情绪，很是理所应当。然而，事实却不是这么的顺理成章，“七月流火”是天气变凉之意，校长用错了词。

“七月流火”一语出自《诗经·国风·豳风》《七月》篇：“七月流火，九月授衣。”大意是说，每到农历七月黄昏，大火星出现在西边天空时，暑热开始消退；到九月天就冷了，要添加厚衣裳了。

七月里，天气怎么会变凉呢？根据生活常识我们知道，七月的天气根本是一丝凉风都少有的，就更不会是天气变凉的开始了。那八、九月份呢？八、九月的天气应该开始变凉了吧？其实，“七月流火”中的“七月”就是八、九月，误会出在人们使用的纪年法上。

古代使用农历（阴历），而我们现在采用的是公历（阳历），农历的七月相当于公历的八、九月。这样解释，我们该认

可“七月”天变凉了吧?

现在我们再来说说“流火”，乍眼望去有骄阳似火的意象，实则却另有乾坤。

“流火”不是一个词组。“火”即是恒星大火星，古代又称心二宿，现代科学命名为天蝎座，是夏季星空里最亮的星座之一，用来确定季节；“流”是移动、落下的意思，水向低处为“流”，西下也称“流”。“流火”就是大火星向西边落下。

关于“流火”，《辞海》缩印本第952页释义为：“火，星名，即心宿。每年夏历五月间黄昏时心宿在中天，六月以后，渐渐偏西。时暑热开始减退。”中国古典文学专家余冠英所著的《诗经选译》说得更直白了：“秋季黄昏后大火星向西而下，就叫做‘流火’。”

“罄竹难书”记罪行

古代人们用竹子进行书写和记录，“罄竹难书”也确实表示多得写不完，但是不是可以这样用：

“有很多我们的志工团体，不管是政府代表或者是民间企业帮忙等等，这些都是罄竹难书，非常感人的成功故事。”这是2006年5月20日，陈水扁在海滩捡垃圾时，对台湾志工精神的赞扬。然而，它确实也是个不小的笑话，“罄竹难书”指的是罪恶多得写不完。这样的情景，这样的语境，实在是很大的笑话。

但闹剧还没有结束，台湾的教育部门负责人杜正胜在立法院接受质询时，就“罄竹难书”四个字做了这样的解释：“罄是用尽，竹就是竹片，是在纸张发明前的书写工具，难是难以，书就是书写，翻成今天现在的话，就是用尽所有的纸也写不完，也就是要做的事实在太多。”指

鹿为马的这一说，又是何必呢！

“罄竹难书”一语最早出自《吕氏春秋》：“乱国所生之物，尽荆越之竹，犹不能书也。”“乱国所生之物”不会是好的事物。

《新唐书·李密传》有句：“罄南山之竹，书罪未穷；决东海之波，流恶难尽。”这里记录了隋炀帝的种种罪行，骄奢淫逸、弑父杀兄、夺嫡篡位、乱伦好色、奢侈腐化、穷兵黩武、横征暴敛……隋朝灭在了隋炀帝的手中。

“罄竹难书”记的是罪行，笑话已经够多了，我们就不要走那趟浑水了。

“始作俑者”始因恶

百度一下“始作俑者”四个字，会发现网页内容非常丰富，有这个成语的清晰释义，也有这个成语的用法及适用范围，还有一些用它来命名的歌曲……当然，更多的是这个成语的应用。不管是在报纸杂志，还是教育书刊上，“始作俑者”都是出现频率极高的成语之一。

2010年语文高考试题（全国卷Ⅰ）成语使用判断题中有这样一个选项：

“现在我们单位的职工上下班或步行，或骑车，为的是倡导绿色、低碳生活。尤为可喜的是，始作俑者是我们新来的局长。”

期刊上也写道：

"TCL率先将等离子彩电价格从 4 万元以上降到了 3 万元左右，成为了高端彩电市场降价风潮的始作俑者。"（见2003年6月《中国经济快讯周刊》）

"始作俑者"确实是说某某是什么的首创者，但从感情色彩上讲，它是典型的贬义词。因此，上面两例均属该成语的错用，高考题是陷阱，期刊是误用加误导。"始作俑者"不仅不可轻易用于称呼最先做某事的人，就是不是最先做十恶不赦坏事的人，也不宜用它来形容，它含有极强烈的贬义。

"始作俑者"出自《孟子·梁惠王上》："仲尼曰：'始作俑者，其无后乎！'为其象人而用之也。如之，何其使斯民饥而死也。"意思是，孔子说："第一个做木偶土俑殉葬的人，大概要断子绝孙吧！"只是因为模仿真人制成木偶土俑用来殉葬，就要断子绝孙了，那让这些活生生的人被饿死就更不可以了。

孟子转述孔子的原话："始作俑者，其无后乎！"意在批评梁惠王推行政令的时候，不顾百姓安危，使百姓活活饿死的暴行。

俑是古时殉葬用的木制或陶制的偶人。"始作俑者"是起初用俑为死人殉葬的人。第一个以土偶假喻为活人埋进死人墓中的人，引发了后人以活人殉葬的风气。"始作俑者，其无后乎！"是非常狠毒的诅咒之语，俗语说："不孝有三，无后为大。"可见，"始作俑者"始恶的切齿程度。

"始作俑者"一语在《中华成语大辞典》中的解释为："最初制作俑来殉葬的人，比喻第一个做某件坏事的人或恶劣风气的开创者。"

“三甲”不是前三名

现在，泛滥着一个词语的误用，即是拿“三甲”当前三名。如某某比赛的三甲，班级的三甲，某市的三甲名校……

然而，事实是“三甲”的人数不止三人。“三甲”指的是三个等别，“一甲”是指前三名，即状元、榜眼、探花。从第4名开始至100名左右，称为“二甲”。余者统称为“三甲”，约200人左右。

“三甲”源自我国封建科举制度。我国科举考试制度始创于隋唐，宋代沿袭后大力提倡，并放宽了科举录取和任用范围。考生会试完后，贡士参加皇帝在宫中主持的殿试（又叫廷试）。殿试一般不淘汰，只是依成绩高下分为“三甲”。《宋史·选举志一》记载：“（太平兴国）八年（983年），进士诸科，始试律义……进士始分三甲。”

明清两代继续沿用，形成规范的科举定制。第一甲仅限三人，赐“进士及第”；第二甲若干人，赐“进士出身”；第三甲若干人，赐“同进士出身”。

可见，“三甲”不是前三名。

其实，有表示前三名的专用词——“三鼎甲”。《辞源》解释“三鼎甲”：“科举制度，状元、榜眼、探花合称三鼎甲。《儒林外史》三十：‘尊府是一门三鼎甲，三代六尚书。’”王力《古代汉语》（修订本第三册第881页）也说：“（清代）殿试分三甲录取。第一甲赐进士及第，第二甲赐进士出身，第三甲赐同进士出身。第一甲录取三名，第一名俗称状元，第二名俗称榜眼，第三名俗称探花，合称为三鼎甲。”

所以，“三甲”不表示前三名，“三鼎甲”才是前三名。

“不刊之论”不可改

“不刊之论”说的是怎么个“不刊”法呢？

能像下面这样理解吗？

“他的文章见识浅薄，并且多处用词不当，属不刊之论，主编严厉批评并不予发表。”

上面说“不刊”是不刊载，“不刊之论”为不能刊载的言论。单从字面上看，这样解释确实说得通，但实际上这却是对“不刊之论”的误用。

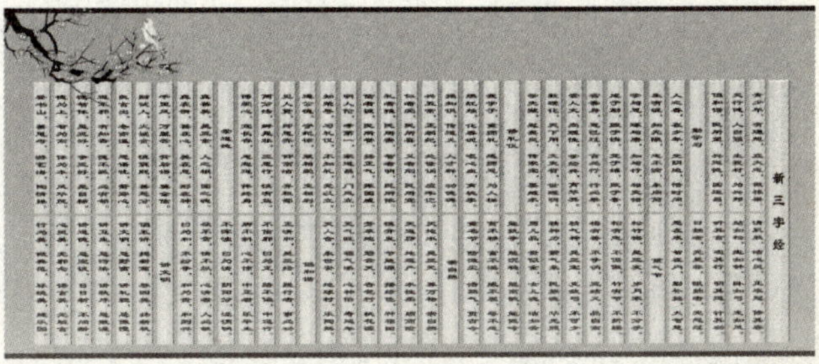

“不刊之论”的核心在“刊”字上。“刊”并不是现在的“刊登”之意，而是“删削”或“修改”的意思。这一成语的正确解释是：不能修改、删削的言论。

此成语源自汉代杨雄的《答刘歆书》，其中写道：“是悬诸日月不刊之书也。”意思是说，你的书可与日月争辉，是不容删减一字的大作！

“刊”为什么会作“删削”或“修改”讲呢？这还要去追究一下古代的书写工具。

古代人们在竹简上刻写文字，用来记录言行和述说事情。已经刻下来的字，自然不能擦抹勾改，所以当刻写有误时，就要使用一种叫“削”的刻刀削去一层后重写，这一过程为“刊”。

知道“刊”的本义后，“不刊”就不是不刊载了，不能删除的、重要文字称为“不刊之论”。“不刊之论”具有很高的规格，且褒义强烈，最初只能用于帝王诏令、典章规条之类，后来虽然扩大了使用范围，但它也只能指真理或伟论。

严复在《原强》一文中写道：“学问之士，倡其心理，事功之士，窃之为术，而大有功焉。故曰：民智者，富强之愿。此悬诸日月不刊之论也。”“不刊之论”被引申为不可更改或不可磨灭的言论。

“首当其冲”先遭难

这里也引用一个转载多次的例子：“农民赖泽民首当其冲，办了全省第一家私营缫丝厂。”

云南日报网上记载了一位外宾的兴极之作：“我希望，云南也一定会首当其冲成为印度走向中国的经济贸易桥头堡。”

诸多例子举不胜举，他们都将“首当其冲”误解成了“冲在最前面”。那么，“首当其冲”到底是什么意思呢？

“首当其冲”原为“当其冲”，是《汉书·五行志下》里的句子：“郑以小国，摄乎

晋楚之间，重以强吴，郑当其冲，不能修德。”意思是说，小国郑国处身于晋、楚、吴三个大国的包围之中，处境十分危险，一旦国与国之间发生了冲突，首先遭殃的就是它。

首：首先、第一个；当承当、承受。“冲”字在多数词典中被解释为“要冲”，即交通要道。但还并存着一个“冲”字的有趣说法，有人认为“冲”字作“攻敌、攻城的战车”讲。这个意思的由来源于“冲”字在古代的一个义项——战车。“冲”被用来冲击敌阵或撞击敌人的城墙，作用相当于今天的坦克。它正面向敌阵推进，步兵躲在它的后面，借以作为掩护，攻向敌人。对于敌方来说，面对“冲”的人，就要第一个遭受危险。虽然关于“冲”字的释义有不同的说法，但它们表达的意思是相同的，即受灾、遭难。

“首当其冲”不是指首要位置、领头作用，不能用为定语代替“首先”，它表示最先受到攻击或首先遭遇灾难。

“梨园弟子”是戏剧演员

“梨园弟子”是指在梨园工作的农民吗？当然不是。现在，戏剧界雅称为“梨园”，称演员为“梨园弟子”，这些名字的由来，出自唐代的典故。

《新唐书·礼乐志》卷二十二记载：“玄宗既知音律，又酷爱法曲，选坐部伎子弟三百教于梨园，声有误者，帝必觉而正之，号'皇帝梨园弟子'。"唐玄宗李隆基多才多艺，精通音律，还善于打羯鼓。为了满足自己的爱好及享乐的需要，李隆基选了数百名乐工和宫女聚于梨园教习他们学习音乐歌舞，并亲自担任指挥。教习中，谁要是弹错或唱错了，他马上就会听出并加以纠正。梨园是唐玄宗培养乐工的地方，因此，他称这些乐工和宫女为"皇家梨园弟子"，即"梨园弟子"。

"梨园弟子"来源于主要负责朝廷礼乐的坐部伎、宫女、和民间艺人，它集中了全国高水平的歌舞、器乐人才。唐代流行法曲，法曲不仅有歌唱，还有舞蹈，而且均用器乐现场伴奏。因此一场法曲，有几百人之多，它是现在大型歌舞表演的前身，"梨园弟子"在当时的宫廷娱乐中发挥了举足轻重的作用。

然而，"梨园弟子"只盛极了一时，他们在"安史之乱"中遭受了灭顶之灾。晚唐后期，"梨园弟子"已极少见。"梨园弟子"的兴衰，代表了一个王朝的寿命。随着时间的推移，元末明初高则成的著名戏曲《琵琶记》开场白曰："今日梨园弟子，唱演琵琶记"。可见，"梨园弟子"已是指戏曲演员了。

"梁上君子"在劝化

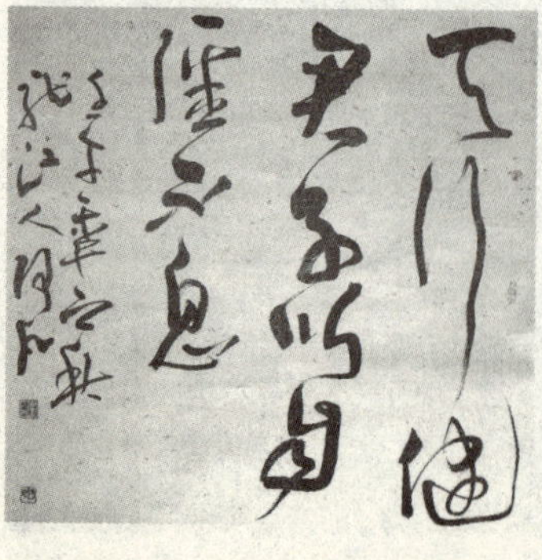

用"梁上君子"来称呼小偷，这似乎很不合常理，小偷怎么能用"君子"来称呼呢？其实这样的用法有它特殊的语言环境。

"梁上君子"这个成语出自《后汉书·陈寔传》。

东汉时期，有个叫陈寔的人。他为人忠厚诚恳，是邻里公认的大好人，每个人都很喜欢他，愿意听他的话。有一年陈寔的家乡闹饥荒，很多人面临着严重的饥饿问题，于是就有人成了小偷，去偷别人的东西。

一天晚上，一个小偷溜进了陈寔的家，躲在房梁上，准备等陈寔睡觉以后下来偷东西。陈寔发现了躲在屋梁上面的小偷，但是他却假装没看到。陈寔把子孙们都叫来，对着大家严厉地训说道："一个人不应该不自己勉励自己，只要有努力向上的好习惯，对社会、家庭、还有自己都有好的贡献。做坏事的人不一定本质就坏，只是他们没有养成好的习惯，才会做出一些危害社会的坏事情，像梁上的那位君子就是这样的。"（原文是："夫人不可不自勉。不善之人未必本恶，习以性成，遂至于此。梁上君子者是矣！"）

窃贼听了这些话以后大惊，自己从梁上下来叩头认罪。

见到小偷，陈寔不但没有责骂他，还非常慈祥地对他说："我看你不像是坏人，做这样的事一定是因为生活困苦所逼。我给你一些钱，你不要再去偷东西了。做错事情只要能改过，你还是会成为一个有用的人的。"小偷听后很感动地对陈寔说："谢谢陈老爷！我一定会好好努力的！"后来，这个小偷果然把自己的坏习惯改掉了，他努力做事成为了一个大家都称赞的好青年！

从上述情况来看，陈寔对窃贼没有鄙视的意思，主要是以教育劝告为主，是把他当做一般人看待的，因此用了尊称"君子"。

现在，大家简单地提出陈寔话里的"梁上君子"这个成语，用来称呼偷拿别人东西的小偷，"梁上君子"就成了入室行窃者的代名词。

“美轮美奂”房屋好

我们先来看几个“美轮美奂”，美不美我们另说。

“多美的湖呀，整个儿翡翠色，而不是单一的绿色，也不是单一的蓝色，抑或其他色调，美轮美奂，似乎融入了天底下所有的美质，令人怦然心动……”（《我的九寨沟》一文）

“晚9时20分，万众期待的《千手观音》终于登场，还是那么美轮美奂，还是那么典雅高贵，5分54秒的演出，让观众如痴如醉，沉浸其中。”（见2005年3月12日《南方都市报》之《美轮美奂<千手观音>上演》）

有人这样赞叹道：“导游带着大家游览了美轮美奂的彩塑和壁画。”

大家都觉得“美轮美奂”美，所以美的事物上就都想用它，也因此就出现了如上面一样的屡见不鲜的错用。

“美轮美奂”出自《礼记·檀弓下》：“晋献文子成室，晋大夫发焉。张老曰：‘美哉轮焉！美哉奂焉！’”译作白话文是，晋献文子的房子盖好了，晋大夫前往送礼祝贺。张孟说：“美啊，如此高大！美啊，如此众多！”此句中的“美”是华美的意思，由“美哉轮焉！美哉奂焉！”缩略而成“美轮美奂”，用来形容建筑物高大、众多之美。

“美轮美奂”说的是建筑物的高大、众多之美，关于它的误用，主

要出现在下面两方面。

从写法上讲，这个词的正确写法为“美轮美奂”，也可写作“美奂美轮”。此成语的中心字眼是“轮”和“奂”，因此“轮奂”连用，同样也可形容建筑物的高大与众多。如南宋诗人戴复古《水调歌头·题李季允侍郎鄂州吞云楼》一诗，有句曰：“轮奂半天上，胜概压南楼。”亦可写作“轮焕”，如唐代诗人白居易《和望晓》一诗有云：“星河稍隅落，宫阙方轮焕。”

从用法上来说，“美轮美奂”是一种美，然而这种美却有它自己独特的个性和严格的规范。它专指建筑物的华美、高大与众多，而不指其他形式的美。如《北洋军阀统治时期史话》第四十三回中有话：“学生中有人痛恨曹汝霖卖国自肥。生活奢侈，就放了一把火，想把这个美奂美轮的汉奸住宅付之一炬。”

好马配好鞍，美女配英雄，这些是恰当的搭配，但若对这些“美”有所违背，那么原来的美也就不存在了。任何事情能发挥他作用的前提，是在适合的位置上，因此“美轮美奂”的“美”我们就不该乱扣了。

“空穴来风”有根据

现在，“空穴来风”一语颇受争议，它存在着两种自相矛盾的解释，事出有因，事出无因。那到底事出有没有因呢？

“‘宝钢’整体上市非空穴来风。”

“‘奥运会冠军奖金30万’为空穴来风。”

上面两个例句皆将“空穴来风”理解成了事出无因。

先从字面上看，“空穴来风”是因先有穴，才来的风，不然怎么看这个成语？空的穴能自发产生风吗？如果能的话，那也是超出了人所能理解范围的，是不能被人类认同的超自然现象，是不会被接受的。因此，不能将“空穴来风”理解成事出无因。

接下来，我们去看看事实上存在的铁证吧。

战国后期楚国辞赋作家宋玉在《风赋》中有云：“臣闻于师：枳句来巢，空穴来风。”句中“枳”（zhǐ）是落叶灌木或小乔木，也叫枸橘；“句”通“勾”，弯曲的意思；“来”是招来的意思。“空穴来风”并列“枳句来巢”，全句译作白话是，我听老师说过，弯曲的枳树容易招引鸟来筑巢，空的洞穴容易招进风来。

庄子也有一样的见解，《成语源流大词典》《汉语成语考释词典》中都引用了《庄子》中的话：“空门来风，桐乳致巢。”庄子认为“空穴来风”其来有因，就像鸟儿选树筑巢一样，是有根据、有原因的，不是凭空产生的。

《辞海》《辞源》等辞书都用“空穴来风”比喻流言蜚语乘隙而入，也是认同有了孔洞才招进风来的观点，“空穴”是“来风”的前提。

白居易在《初病风》一诗中也有云：“朽株难免蠹，空穴易来风。”意思是，就像腐朽的树干难免被虫蠹空一样，空穴当然也就容易招来风。

由上述事实可证，“空穴来风”表示的是事出有因，说的是消息和传说是有根据的。

“万人空巷”轰动大

新闻上如此报道说：“《水浒传》一播出，万人空巷，电视剧主题歌《好汉歌》也在一夜之间响彻中国大江南北。”

“《大宅门》的播放真可以称得上是万人空巷，不仅火爆老北京，就连在上海，也打破了央视一套近几年来的收视纪录。”（见2001年5月26日《江南时报》之《〈大宅门〉铁定拍续集》）

1997年高考语文试题（全国卷）中有一道成语使用判断题：“这部精彩的电视剧播出时，几乎是万人空巷，人们待在家里守着荧屏，街上显得静悄悄的。”有相当多的考生落入了出题人的陷阱，作出了肯定判断，结果统统为此丢掉了宝贵的三分。

“万人空巷”这个成语一再被误用，并且因误用产生了误导，原因在哪呢？

北宋诗人苏轼在《八月十七复登望海楼》中写道：“天台桂子为谁香，倦听空阶夜点凉。赖有明朝看潮在，万人空巷斗新妆。”这是被证实的“万人空巷”的最早出处。诗里描写的是，为了看钱塘湖的大潮，杭州城内各个里巷内的人倾城而出的盛况。

“万人空巷”一词被误用的最大原因在对“巷”字的释义上。如果将“巷”释作“街巷”，那万人不在街巷，待在家里看热门电视剧，这样是说得通

的，而且也很形象。但“万人空巷”的“巷”说的可不是“街巷”，它指的是“住宅”。

“巷”字可溯源到《诗经·郑风·叔于田》：“叔于田，巷无居人。”唐代大儒孔颖达注释道：“言叔之往田猎也，里巷之内全似无复居人。”意思是，年轻的猎人去郊外打猎，住宅内鸦雀无声，如同没人居住一样——人们都跟在猎人后面争睹围观去了。说“巷无居人”的，则“巷”必是人之居处。

孔颖达以“里巷”释“巷”，“巷”为住宅。又如《南史·羊欣传》中有一样的解释：“屏居里巷十余年。”“里巷”可释义为“居所”，许慎的《说文解字》也注释“里”为：“里，居也。”另外，又有《汉语大词典》注释：“里，人所居住的地方。”

综上所说，“巷”指的是住宅，那么“万人”躲在家里看电视就不该叫“空巷”了。

“叹为观止”是赞叹

“叹为观止”“叹”的是什么?

“让办案人员叹为观止的是，韦浙江不仅收受现金，连“白条”也收。”（《扬子晚报》2001年12月18日）

“和交通堵塞情况同样令人叹为观止的，是西安交通的混乱，这无疑是造成交通拥堵的一个重要原因。”（新华网2002年9月3日）

上面都“叹”错了。使用“叹为观止”这一词语时要注意两种情况。一种是对该词的释义，“叹为观止”是褒义词，表示赞叹，而通常有人把这个成语误解释为“到极点”，像上面的两个例子一样，把它作为贬义词使用。另一种是要尤为注意该词的用法，如果句子主语是物或者是除说话人的其他人，就要在“叹为观止”前加“令”“让”等词，如说“那精彩的表演，让人叹为观止。”如果主语直接是观看者，就不需要加了。

“叹为观止”一词出自先秦鲁人左丘明《左传·襄公二十九年》，其中有句：“观止矣！若有他乐，吾不敢请已。”意思是，舞乐都好到了极点，我们就到这里吧！如果还有其他的节目，我也不愿意看了。这是季札的赞叹。

季札虽然来自南方，却对中原的舞乐非常感兴趣，颇有研究。出使鲁国时，他观看到《韶箾》舞时，觉得这个曲目演奏得最为美妙，于是就有了上面的赞叹。而这个曲目也正是鲁国设宴助兴的最后一曲，也由此，季札深得鲁国国君的钦佩。

后来人们用“观止”一词来赞叹所看到的事物尽善尽美，好到没有更好的地步。

“望其项背”赶得上

我们先来看看下面两个例子：

“橄榄球联盟年度冠军赛的实况转播在美国是重量级节目，其收视率傲视群雄，其他同类型的节目只能望其项背。”

“成都五牛队俱乐部一二三线球队请的主教练及外援都是清一色的

德国人，其雄厚财力令其他球队望其项背。”

关于上面两句话中“望其项背”一词使用的对错，这里我们先留个悬念，先来看看下面的故事。

钟无艳又名钟离春，是中国古代四大丑女之一。她虽然人长得丑，但是却是个才女。在齐宣王时期，齐国虽然强大，但齐王声色犬马，不理朝政。钟无艳不顾危险，设法见到了齐王，并运用她的智慧巧妙地进谏。在钟无艳的一番有理有据的劝说后，齐王幡然醒悟，于是开始礼贤下士，使得齐国大治。

后来，齐王封钟无艳为后，钟无艳以一介丑妇成为了一国母仪。非美本身就是女人最大的遗憾，何况还丑呢。但钟无艳却并不在意，她运用自己的才智，辅助齐王治理国家，最终使齐国成为了强国。

钟无艳改变了历史上女性普遍低下的地位，她辅君征战的事迹名垂千古。后人评价她“其魄力一般人难以望其项背”。

这里的“望其项背”怎么理解呢？这我们就要去想一想一般人能不能赶上钟无艳了，故事的意思很明显，钟无艳为奇女子，一般人赶不上。“难以望其项背”是赶不上，那“望其项背”就是赶得上了。

因此，上面两句话均属“望其项背”的错用。

“望其项背”出自明末清初散文家汪琬的《与周处士书》：“言论之超卓雄伟，真有与诗书六艺相表里者，非后世能文章家所得望其肩项也。”意思是说，其言论很精彩，后代文人不能超越。

“官野史稗”不猥亵

偶然间看到一篇抨击当下文化市场混乱的文章，里面写道：

“在这样混乱的文化市场中，稗官野史、低俗读物充实着书架，表现出一种急功近利的状态。”

“稗官野史”等同于低俗读物吗?

在一篇讲述鲁迅先生生平的文章里，这样写道：“鲁迅不喜欢阅读古代御用文人写的所谓‘正史’，却喜欢阅读名不见经传的人物写的稗官野史，认为它们反映的才是真实可靠的历史。”

如果“稗官野史”等同于低俗读物，那我们怎样理解鲁迅先生？我们相信鲁迅先生的人格，看来是上面的那位义愤者不了解“稗官野史”的真正含义，用错词了。那么，此刻就不能袖手旁观了，要解释一下。

“稗官野史”语出东汉班固的《汉书·艺文志》：“小说家者流，盖出于稗官，街谈巷语，道听途说者之所造也。”

“稗官”是古代的一种小官，他们专门负责给帝王搜集街谈巷议，道听途说，以供省览。如《汉书·艺文志》引如淳所说：“细米为稗，街谈巷说，甚细碎之言也。王者欲知里巷风俗，故立稗官，使称说之。”

“野史”一般是指私家编撰的史书。大多数人的误解都出在这个“野”字上，但这里它不是荒诞不经的。“野”一方面与“在朝”相对应，是“在野”的意思，也就是说这种史书不出在庙堂里，来源于民间。另一方面，“野”也与“文”相对应，是指未经过多雕琢的原始史料。

古代稗官搜集的街谈巷议有很重要的政治作用，稗官们为帝王搜集这些信息的主要目的是使他们了解自然以及民情的变化，最终调整治理政策。刘鹗《老残游记》说得明白：“野史者，补正史之缺也。名可托诸子虚，事虚证诸实在。”

“稗官野史”是不带一点不雅的读物，它来源于民间，具有多样性、趣味性和真实性。

因妒忌“河东狮吼”

《晚报文萃》上《汪伪“第一夫人”改造记》一文中，描写汪精卫的妻子陈璧君时有这样一段话：“她坐牢终身，故而虽身在囹圄中，仍凶悍如前，稍有不如意，便作河东狮吼大吵大闹。”

“河东狮吼”是有大吵大闹之举，然而却不是所有的大吵大闹都能称为“河东狮吼”，上面的文章中，作者用错了这个词语。

“河东狮吼”语出宋代洪迈《容斋三笔·卷三·陈季常》一文。

北宋时期，有个叫陈慥的人，号季常。陈慥为人狂放不羁，傲视世间，视荣华富贵为粪土，常年隐居在龙丘。元丰三年（1080年），苏东坡被贬到黄州，他与陈慥成为好友。苏东坡和陈慥的爱好差不多，他们都喜欢游山玩水，经常一起研究佛教的道理，喜欢一起饮酒作赋。

陈慥在家中养了一群歌妓，客人来了，就以歌舞宴客。陈慥的妻子柳氏，性情暴躁凶妒，而且最爱吃醋。一次，陈慥与苏东坡正在欢歌宴舞时，柳氏突然醋性大发，她拿着木杖大喊大叫，用力捶打墙壁，陈慥被吓得终止了欢乐。

见到此状后，第二天苏东坡便写了首诗送给陈慥，诗里写道：

龙丘居士亦可怜，谈空说有夜不眠。

忽闻河东狮子吼，拄杖落手心茫然。

在这首诗里面，“河东”是柳氏的郡望，暗指柳氏；“狮子吼”一语来源于佛教，意指“如来正声”，象征凶猛威严。后来这个故事被文人洪迈写进《容斋三笔》中，广为流传，“河东狮吼”成为凶悍妻子的形容词，因为陈慥号季常，人们便戏称怕老婆的人为“季常癖”。

这样看来用“河东狮吼”来形容的女人，她不光要大吵大闹，还要含醋意，她的妒忌是必要的前提条件。一个女人吃醋的全部原因就是自己的男人，与其他女性联系在一起。所以，不是随随便便哪个女人发点脾气就都能叫“河东狮吼”的。

“问鼎”没有拿第一

不知何时冒出了“某某运动员再次问鼎某项目冠军”的说法，用来表示该运动员取胜的信息。然而，问鼎，问鼎，我们是不是要先问问呢？

鼎，是我国青铜文化的代表，在古代被视为立国重器，是国家权力的象征。夏禹当政时，下令各地长官进献青铜，铸成九个鼎，鼎上有各地物产的图像，象征天下九州都属于夏王。以后的夏商周三代都把这九鼎奉为传国之宝，看作至高无上、神圣不可侵犯的重器，王都建在哪里，就把九鼎迁到哪里。

“问鼎”的典故出自《左传·宣公三年》，里面写道：“楚子伐陆浑之戎，遂至于洛，观兵于周疆。定王使王孙满劳楚子。楚子问鼎之大小轻重焉……”故事大体是，楚庄王为讨伐外族入侵者率军来到洛阳，在周天子眼皮底下检阅军队。当时，周王藏有大禹平定九州后铸造的九尊宝鼎，周朝三代都视其为国宝，从不轻易示人，楚庄王对九鼎却一直垂涎三尺。

周定王派大夫王孙满去慰劳，楚庄王借机询问周鼎的大小轻重。王孙满说："政德清明，鼎小也重，国君无道，鼎大也轻。周王朝定鼎中原，权力天赐，鼎的轻重不当询问。"楚庄王问鼎，大有欲取周王朝天下而代之的意思，结果遭到定王使者王孙满的严辞斥责。后来就把图谋篡夺王位叫做"问鼎"。

问，询问。是怀着某种目的，打听、试探、盘问。既然还处于"问"的阶段，那就说明对"鼎"还知之不多，"问鼎"还没有夺鼎。问，只表现了一种图谋、一种欲望、一种野心，并未成为现实。"问鼎"原意"图谋夺取政权"这也是先问了问，只有了图谋，这就是说，"问鼎"表达的是未然，而不是已然。

扩展"问鼎"的意义范围到体育比赛中当然可以，但它只能表示运动员或者运动队力争夺取冠军或第一名，仅是努力争取获胜而已。

"曾几何时"刚过去

"曾几何时"指的是什么时候的时间?

"曾几何时，人类向大自然挑战，已把竞技比勇的场地转到了高山峡谷、急流险滩……多少年过去了……"（见1994年5月2日《文汇报》）

"曾几何时，当阿旦、福尔曼、佛雷泽、约翰松、杜兰这五名美国昔日的拳坛

霸王纵横江湖之时，他们的乖乖小女梳着小辫撒娇。如今，老拳王纷纷淡出江湖……”（见2000年8月11日《参考消息》）

“曾几何时，小羊因山羊绒而贵，身价倍增……这两年沙尘暴渐多，人们又开始以另样眼光看山羊。”（见2000年10月10日《光明日报》）

大家都喜欢用“曾几何时”来感慨时间的飞逝，但“曾几何时”真能准确胜任此职吗？答案是，不能。“曾几何时”不表示很远的过去，它表示刚过去不久的时间。上面例子中，情感饱满，感慨良多，可用上“曾几何时”一语，情感的发泄就憋得慌了。

“曾几何时”出自宋代赵彦端《介庵词·新荷叶》：“回首分携，光风冉冉菲菲。曾几何时，故山疑梦还非。”

在古代文献里，“曾几何时”也有过很多运用。王安石的《祭盛侍郎文》中有：“补官扬州，公得谢归。曾几何时，讣者来门。”韩愈的《东都遇春》诗中也说：“尔来曾几时，白发忽满镜。”不用时间的长短来感慨一切的不再，短暂时间后的物是人非，更让人惆怅。

“曾几何时”作为文言词语，表示的是没过多久的时间。

“危言危行”说正直

“危言危行”这一词语似乎很危险，它经常被解释为“散布危险的言论，做危险的事”“害怕发表言论，不敢说话”。

如说：“美国政府在台湾问题上的危言危行，势必受到全世界人民的唾弃。”

其实，“危言危行”很正直，它里面的“危”字并不危险，它和“正襟危坐”中的“危”一样，表示的是端正的意思。

“危言危行”一语出自《论语·宪问》：“邦有道，危言危行；邦无道，危行言孙。”“孙”通“逊”。这段话的意思是：国家有道，无论是言语还是行为都要秉行正直；国家无道，行动仍要谨慎正直，但言语上要谦逊小心。“危言危行”的意思是，讲正直的话，做正直的事，是一个褒义词。

南唐诗人李中在诗歌《送仙客》中写道：“危言危行是男儿，倚伏相牵岂足悲。莫向汀洲时独立，悠悠斜日照江蓠。”这里用“危言危行”来说明男子的品行要正直。

西晋史学家陈寿在《三国志·魏书·杜畿传》中写道：“当官不挠贵势，执贫不阿所私，危言危行以处朝廷者，自明主所察也。”“危言危行以处朝廷者”具有不攀权附势，不强占民私的正直品德。

“不耻下问”向下问

我们该有这样的学习态度吗？

“我们一定要谦虚谨慎，不耻下问，认真学习别人的先进经验，把工作做得更好。”

“王小海经常向老师请教，这种不耻下问的精神值得每一个同学学习。”

“不耻下问”是向谁问？

“不耻下问”语出《论语·公冶长》：“子贡问曰：‘孔文子，何以谓之文也？’子曰：‘敏而好学，不

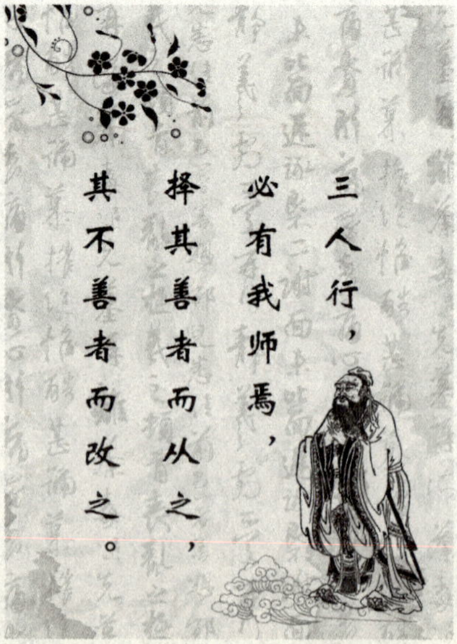

耻下问，是以谓之文也。’”这是孔子和学生子贡的一段对话。

这段对话有一个这样的背景：

卫国大夫孔圉，虚心好学，为人正直。在孔圉死后，谥号为“文”，后人又称他为孔文子。同是卫国人的子贡，很不服气给孔圉以“文”这样高的评价。

所以子贡就问孔子：“孔文子凭什么可以得到‘文’的谥号呢？”

孔子回答道：“孔圉聪敏又勤学，不以向职位比自己低、学问比自己差的人求学为耻辱，所以可以用‘文’作为他的谥号。”

“不耻下问”一词释义为：向地位比自己低、学识比自己少的人请教，也不会感到羞耻。如此来看，问的对象就不是随随便便了，要看看他的地位是不是低于自己，学识是不是比自己少。因此，上述两例中，“不耻下问”问错了对象。

“不耻下问”是表示虚心好学的谦辞，使用时要小心，一定要分清问的对象。此词不用于自我表述，尽管你年龄再长、学问再大、地位再高，如果出口“我不耻下问……”，要么是给人一种你妄自尊大的感觉，要么是你闹笑话让别人看，这两者都不好吧？

在评说别人时，我们用“不耻下问”。程石岩在《现代小民记》中写道：“先生既然不耻下问，我就大胆说说我的看法。”

“三人成虎”谣言成真

不知从什么时候起大家竟然习惯了这样的用法：

“三人成虎，人多为王；这似乎成了宗派主义者们的信条。”

“你应该和朋友合作搞这一课题，要知道三人成虎，众志成城。”

有一篇题目为《“不团结”礼赞》的文章，文章开头写道：“‘三人成虎’一说，可以称作咱们‘早已有之’的关乎团结的说喻了……‘一根筷子拧得断，一把筷子拧不断’，连三岁孩童也能道破其中隐含的教义：团结就是力量。”（见1999年第4期《杂文界》）

“三人成虎”被理解成了团结就是力量，实在是大错特错。

此成语来源于战国时期的一段记载，出自《战国策·魏策二》，记载如下：

战国时期，国与国之间经常发生战争，为了使大家遵守信约，维持和平，各国之间通常将本国太子作为人质交给他国。魏国大臣庞恭，将要陪魏太子到赵国去做人质。

临行前庞恭对魏王说：“现在有一个人说集市上出现了老虎，大王相信吗？”

魏王道：“我不相信。”

庞恭说：“如果有第二个人来说集市上出现了老虎，大王相信吗？”

魏王道：“我有些将信将疑了。”

庞恭又说：“如果又有第三个人来说集市上出现了老虎，大王相信吗？”

魏王道：“我当然会相信。”

得到这样的答案后，庞恭说：“集市上不会有老虎，这是很明显的事，可是经过三个人一说，好像真的有老虎了。赵国国都邯郸离我们魏国的都城大梁，比王宫离集市远得多，议论我的人可能不止三个，希望大王明察才好。”

魏王听懂了庞恭的意思，点点头说：“你的心思我知道了，你只管放心去吧！”

庞恭走后不久，果然有很多人在魏王面前说起了庞恭的坏话。起初，魏王总是为庞恭辩解，指出他是一个有才能而忠实的大臣。不幸的是，当庞恭的政敌三番五次对魏王说庞恭的坏话时，魏王真的相信了那些人的话。

后来，庞恭从赵国回到魏国以后，魏王就没有再召见过庞恭。

集市是人口集中的地方，老虎怕人，集市上当然不会出现老虎。说集市上有老虎，显然是造谣、欺骗，但当许多人这样说时，听者往往会信以为真。有魏王的信以为真在先，就不乏后来人了。

“三人成虎”说的是谣言经多人重复述说后，就使人信以为真了，被错误地理解成团结就是力量，很是不该啊！

三人成虎，比喻谣言经多人重复述说之后，就能使人信以为真。

“上行下效”谨慎用

“上行下效”这一成语被百度文库列为高考语文常考成语，其中有这样一个例句：

“只有领导干部严格自律，为政清廉，才能上行下效，使整个社会风气得到好转。”

小孩因为调皮，在家中做了很多的破坏。面对此种情况，妻子随口向丈夫抱怨道：“上行下效，都是跟你学的，你整天瞎折腾，他就照着学。”

“上行下效”作为贬义词语，出现在上面两例的语境中，真是让人哭笑不得。

关于这个成语有个典故。

春秋后期，齐国宰相晏婴死后就一直没有人敢当面指出齐景公的过失，齐景公因此感到很苦闷。有一天，齐景公宴请文武百官，酒宴过后，他们一起到训练场上射箭取乐。齐景公每射一支箭，即便没有射中靶心，百官也会高声喝彩："真是箭法如神，举世无双。"

后来有一天，景公把心中的苦闷对臣子弦章说了一番。弦章回应景公道："这件事情不能全怪那些臣子，古语有话：'上行而后下效。'群臣喜欢投君王的喜好。国王喜欢吃什么，群臣也就喜欢吃什么；国王喜欢穿什么，群臣也就喜欢穿什么；如果国王喜欢别人奉承，群臣自然也就常常奉承大王了。"

齐景公听完弦章的话，认为很有道理，心中的烦闷豁然开朗了，于是就赏给弦章许多珍贵的东西。弦章看后连连摇头，并说道："那些奉承大王的人，正是为了要多得一点赏赐，如果我受了这些赏赐，岂不是也成了阿谀奉承的小人了！"

由这则故事可以看出，"上行下效"是用来形容上面的人喜欢怎么做，下面的人便也跟着怎么做，表达的是否定的含义。

汉代班固在《白虎通·三教》中对"上行下效"的做法做了较明确的说明，他说："教者，效也，上为之，下效之。"

曾看到《旧唐书·贾曾传》里有这么一句话："上行下效，淫风将成。""淫风"不是什么好事，这个"上行下效"也就不是什么好词了。

俗话说"上梁不正下梁歪"，讲的是房子的上、下梁间的紧密关系，如果上梁已经歪斜了，下梁也必会不正。"上行下效"正是这样的情况，即是已有了歪的上梁，下梁跟着一起"歪"。

“莘莘学子”学生多

“昨日，央视电影频道当家花旦经纬做客南艺影视学院，从自己的经历谈起，讲述如何抓住机遇，成就成功。但在聊天过程中，经纬不自觉地将‘莘莘（shēn shēn）学子’说成了‘莘莘（xīn xīn）学子’，令不少学生面面相觑。”（见2010年5月18日《扬子晚报》）

2007年高考的前一天，有家电视台做了一篇有关社会各界为考生提供良好考试环境的报道。报道的标题是“各地纷纷为莘莘学子们参加高考提供便利”，报道结束时，一名记者说：“祝愿莘莘（xīn xīn）学子都取得好成绩。”

“为使广大莘莘学子早日受益，我公司决定在江苏各县（区）内设独家连锁推广机构。”（见2001年11月26日《扬子晚报》）

看了上面的这些媒体的报道，我不禁惊讶，大众传播的载体怎么能对“莘莘学子”这一词语有这么多的误用呢！

“莘莘学子”并不是一个成语，它是一个自由组合的词组。“莘莘”是个叠字形容词，表示“众多”的意思，在古汉语中用途很广。如《国语》引用《周诗》中的句子“莘莘征夫，每怀靡及。”在现代汉语词典、书面语言中，“莘莘”多用于形容学生，因此就形成了“莘莘学子”一语。

在“莘莘”的读法上，需要大家特别注意一下，“莘莘”读作shēn shēn，经常有人误读成xīn xīn。“莘”字虽有xīn的读法，但都是以姓或作为地名、植物名等出现。

“莘莘”本身就表示“众多”的意思，如果我们再在它之前加上“广大”“一大批”“许许多多”或是“一位”“每一个”等量词来修饰。像说“众多莘莘学子”“一位莘莘学子”，看着岂不是很多余？况且也犯了语法上的逻辑错误，这可是词语使用的最低级错误。

“青梅竹马”是异性

百度文库将“青梅竹马”列为常见的容易用错的成语之一。

如：“小刘是我青梅竹马的朋友，我们俩经常像亲兄弟一样在一起聊天。”

这里我们一起认识一下“青梅竹马”这个成语。

“青梅竹马”一词出自唐代大诗人李白的《长干行》一诗，其中道：“郎骑竹马来，绕床弄青梅。”诗中描写的是，一位女子回忆儿时跟丈夫一起亲昵地嬉戏，双方天真无邪、活泼可爱的童稚景象。“青梅”“竹马”组合成成语“青梅竹马”。

青梅：青色的梅子；竹马：小孩将竹竿骑在裆下做马。“青梅竹马”用于形容男女两个小孩儿一块玩儿时天真无邪的情景。这里还要强调一下，“青梅”“竹马”均是男孩的举动，女孩只是乖巧地在一边做看客，偶尔会发出“咯咯”的笑声。这样的场景不用我细细描述，想必每个人的记忆里都有一幕吧。

“青梅竹马”亦作“竹马之交”。郭沫若《蔡文姬》第四幕有台词道：“他和蔡文姬是竹马之交，他们是太亲密了。”

歌手周治平有一首名为《青梅竹马》的歌，歌词里有这样的句子：“是谁和谁的心，刻在树上的痕迹；是谁和谁的名，留在墙上未曾洗去。虽然分手的季节在变，虽然离别的理由在变，但那些青梅竹马的爱情，不曾忘记。”歌声将我们带回了“青梅竹马”时代。

“青梅竹马”代指天真无邪、亲密无间的感情，所以我们常用“青梅竹马”和“两小无猜”来形容男女小孩间天真、纯洁的感情。当然，也可以把“青梅竹马、两小无猜”放在一起使用，意思不变。

这样能称为“青梅竹马”的就不是随便的两个小孩了，它要求的是男女两个小孩，男女两个小孩亲密无间叫“青梅竹马”。

“人面桃花”不说相貌

人的面庞和粉红的桃花放在了一起，就有了“人面桃花”一语，可人面并不一定要如桃花一样漂亮。

“人面桃花”出自唐代孟棨在《本事诗》《情感》章记载的一个颇具浪漫色彩的故事。

唐代某年的清明节，书生崔护独自去长安城南的郊外游玩。见到远处有一个庄园，在绿树的掩映下，院墙中的桃花十分惹眼。正巧，崔护此时感觉口渴，便快步前行，走向庄园。走到门前，他轻叩门扉后，开门的是一位姑娘，在一片桃花的映衬下，姑娘显得娇美动人。姑娘见崔护年少俊美，仪态非凡，对视之下，不由粉面羞红。问清缘由后，姑娘含情脉脉地递上一杯水，崔护接过一饮而尽。

转眼到了第二年的清明节，崔护忽然想起那位姑娘，初见的美好跃于眼。于是崔护直奔城南，但到了那里，只见景物一如既往，而那个让他思念的人却不见了踪影。

去年今日，景同而人非，同一景色，两次境遇，因人面的不同，心境就截然相反了，可见“人面桃花”的悲情。面对此情此景崔护怅然若失，于是他在门上题诗《题都城南庄》（又题作《游城南》），诗曰：“去年今日此门中，人面桃花相映红。人面不知何处去，桃花依旧笑春风。”

这首诗写的是崔护于不经意间偶遇美好事物，又在不知不觉中失去的怅惘心情。自此之后，人们便以“人面桃花”来表达爱恋的情思。

北宋词人柳永有《满朝欢》一词，词曰：“人面桃花，未知何处，但掩朱扉悄悄。尽日伫立无言，赢得凄凉怀抱。”这里的“人面桃花”泛指爱慕而不能相见的女子。元代散曲家刘时中在《嘲天子》中写道：“杨柳宫眉，桃花人面，是平生未了缘。”看来“桃花人面”的未了情只能用时光去追怀了。

现在人们把男女相见随即分离，男子追怀往事，称为“人面桃花之感”；用“人面桃花”喻示男女邂逅一见钟情，随之分离以后，男子追念旧情的心思。所以“人面桃花”不要求人如桃花一样漂亮。

“忍俊不禁”是笑了

《外国记者为何发笑》一文中有这样一句话：

“坐在笔者身边的一位外国记者突然忍俊不禁，扑哧一声笑起来。”

我们再来看看这个句子:

“看到黄宏表演的小品，连一向严肃的父亲也忍俊不禁笑起来。”

大家有没有觉得上面两个例子很奇怪，如果答案是否定的，那我们再这样来看看：“坐在笔者身边的一位外国记者突然笑了起来，扑哧一声笑起来。”

“看到黄宏表演的小品，连一向严肃的父亲也笑了起来，笑起来。”

这样一来，错误就很明显了吧？“忍俊不禁”就是笑了，它既有“突然”之意，又有“笑”的意思，因此就不需再在它的后面加笑了。

“忍俊不禁”出自唐代赵璘的《因话录》卷五：“柜初成，周戎时为吏部郎中，大书其上，戏作考词状：‘当有千有万，忍俊不禁，考上下。’”意思是说，（放官印的）柜子刚做成的时候，当时为吏部郎中的周戎，模拟考词状的语气，挥笔在柜子上戏谑地写道：“会有成千上万的人暗自发笑，来窥探你，探索你的上下。”

另外，这里还有一个高难度的表情——“忍俊”不笑。2008年第4期《散文选刊》中有一篇名为《献给曾经一起三年的青春》的文章，里面有句：“全班都忍俊不笑。”“忍俊”已是含笑了，又怎么能不笑？此等难度的表情是无法做到的。

“大方之家”非大方

“大方”一语有很多含义，其中最为我们熟知和惯用的就是“不吝啬、出手大方”。

如：“他很大方，不在乎这几个钱。”

由此及彼就有了语文考卷上经常出现的考题陷阱：

“告别时，他非要送我几件高档衣服不可，真是大方之家。”

“在西南地区遭遇六十年不遇的特大旱灾之际，李明一家人又是捐钱，又是捐物，真可谓大方之家！”

这样的语义延伸可是不正确的，“大方之家”非大方。“大方”有义项为“大地”，后又引申为“大道理”。“大方之家”原指懂得大道理的人，后泛指见识广博或学有专长的人。

“大方之家”出自《庄子·秋水》：“望洋向若而叹曰：野语有之曰，‘闻道百，以为莫己若’者，我之谓也。且夫我尝闻少仲尼之闻而轻伯夷之义者，始吾弗信；今我睹子之难穷也，吾非至于子之门则殆矣。吾长见笑于大方之家。”

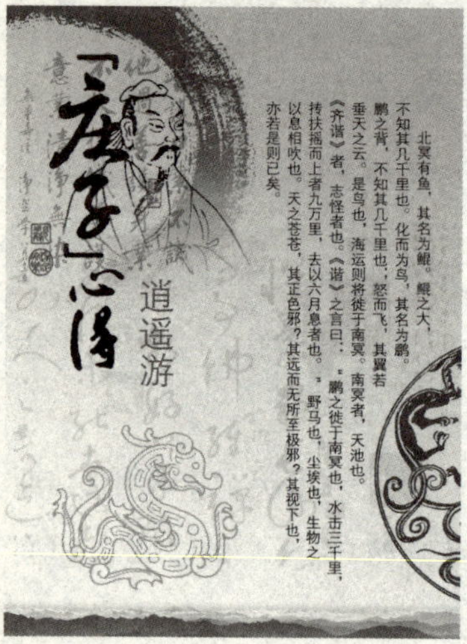

上面的话译作白话是，河伯（认识到自己的狂妄无知之后）仰头对着海神叹息说：“民间有个俗语叫做‘了解了一些道理就以为谁也不如自己了’，这话说的正是我呀！我以前听说有人看不起孔子和伯夷，认为孔子不渊博，伯夷的仁义也不重，我不相信会有这么狂妄的人，今天我看到了您的广大无边，我相信有那样狂妄的人了，狂妄的人中就有我一个啊，我现在认识到了。我若是不到您的面前来就坏了，我一定会被那些广见博识的人耻笑的。”

“明日黄花”已过时

对于“黄花”何时凋谢，似乎有人存在误解。

“随着国际互联网信息的爆炸，即使全球最有效的搜索引擎也只能涵盖互联网上不超过1/6的内容，搜索引擎的威力已成为昨日黄花。”

（《国际金融报》2000年8月2日）

“经济搞活了，时代进步了，什么外汇券侨汇券早就是昨日黄花，什么站立式服务自选式超市到处都是。”

错拿“昨日黄花”当“明日黄花”的例子比比皆是。“昨日”可以替代“明日”吗？能轻易的忽略这一字之差吗？答案是，绝对不能。

《汉语成语词典》解释“明日黄花”也作“过时黄花”。早在宋代胡继宗的《书言故事·花木类》就有说：“过时之物，曰明日黄花。”清人程允升在《幼学琼林·花木》中也说：“明日黄花，过时之物；岁寒松柏，有节之称。”而对于“昨日黄花”一说却没有任何考证的资料。

“明日黄花”最早出自北宋苏轼《九日次韵王巩》一诗，诗曰：“闻道郎君闭东阁，且容老子上南楼。相逢不用忙归去，明日黄花蝶也愁。”意思是说，农历九月九重阳节过后，金黄的菊花便会枯谢凋败，到那时候再赏菊也就没了兴味。苏轼咏叹“明日黄花蝶也愁”，寄寓了自己迟暮不遇的喟叹，暗示自己就像是那过了时令的菊花一样。

唐代诗人郑谷有诗《十日菊》：“节去蜂愁蝶不知，晓庭还绕折残枝。自缘今日人心别，未必秋香一夜衰。”这首诗说的是农历九月初十的菊花，即是“明日黄花”。诗里重阳节刚过一日，尽管菊花依然艳丽芬芳，身价却大跌，可叹蜂蝶不知行情，竟“晓庭还绕折残枝”。

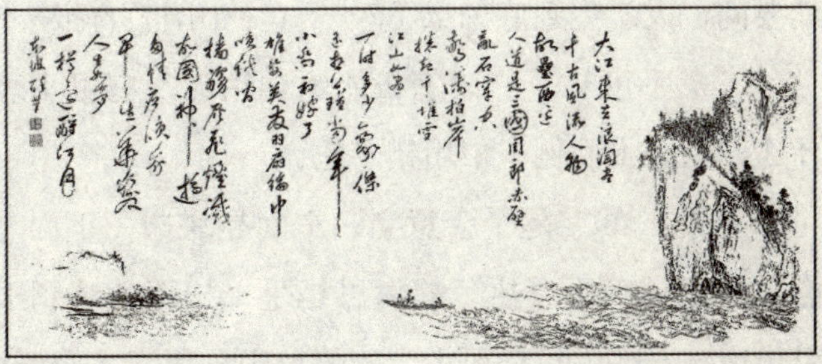

由上可见，以“明日黄花”来比喻已经过时的人或事物是有其深刻的文化背景的，其中蕴涵着丰富的历史情感信息和审美信息。

至于，“昨日黄花”是未当时。

我们姑且承认有“昨日黄花”一说，那它又指的是什么时候的黄花呢？菊花是重阳节的时令花，秋季属金，金为黄色，菊花也以黄色居多，因此农历九月九日的黄花特指菊花，如李白《九日龙山歌》：“九日龙山饮，黄花笑逐臣。”这样说来，黄花就当以重阳节为基准了，“今日黄花”正当时，“明日黄花”已过时，“昨日黄花”正是含苞待放、娇艳欲滴等待人们观赏时。因此，说“昨日黄花”是已过时之物是不正确的。

“炙手可热”气焰高

在谈到旅游经历时，一个到过内蒙古旅游的朋友，特别提到了蒙古烤全羊，对它大加赞赏，他说：“蒙古烤全羊可好吃了，闻到香味就让人垂涎欲滴，真是炙手可热啊！”

有一篇标题为《“汉钞”收藏炙手可热》的新闻，里面有这样的一段话：“湖北省钱币博物馆内展示了大量湖北地方的货币，尤以‘汉钞’最具代表性，如今它是炙手可热的收藏品。”

“炙手可热的名校遭到冷遇，‘天之骄子’受到社会指责，人们不禁要问：大学生到底怎么了？”（《中国教育报》2002年4月2日）

“炙手可热”一语怎么能这样用呢？它可不表示“抢手”，也不是什么好词，上面例子中用错了它。

“炙”zhì字是个会意字，上面是块肉，下面是火，本义即为以火烤肉。成语“炙手可热”的意思是手一接近就感到很热，使人接近不得。引申比喻一些人权势很大，气焰嚣张。用于人而不用于物，含贬义。

“炙手可热”语出《新唐书·崔铉传》：“时语曰：‘郑（郑鲁）、杨（杨绍复）、段（段瑰）、薛（薛蒙），炙手可热。’”由于人们都知道“郑、杨、段、薛”等四家是古时的权贵，所以用“炙手可热”来比喻权贵之盛，这一点大家都没有分歧。

唐代诗人杜甫著有《丽人行》一诗，诗中说：“炙手可热势绝伦，慎莫近前丞相嗔。”意思是，（杨家）权重位高，没有人能与之相比，千万不要走近前去，以免惹得丞相发怒。

唐玄宗时期，由于玄宗特别宠爱杨贵妃，纵情声色，以致国家政治越来越腐败。杨贵妃的堂兄杨钊，凭着杨贵妃得宠，官路上平步青云，先做了御史，后来被提拔为宰相，身兼40余职，唐玄宗特赐名“国忠”。杨家兄妹位高权重，不思报效国家，却过着花天酒地、穷奢极欲的生活。杜甫的诗讽刺了杨家兄妹生活的奢侈和权势的显赫。

宋代李清照《逸句》诗曰：“炙手可热心可寒，何况人间父子情。”

现代作家沙汀在《淘金记》中说：“亲眼看见他成了这镇上炙手可热的红人，而且目空一切。”

他们用“炙手可热”表达气焰高，嚣张跋扈的含义。因此媒体随意扩大其使用范围，用于形容一切“吃香”的事物，甚至理解为“热门”或“商品畅销”就错了。

“对簿公堂”是受审问

经常会出现，像某某与某某对簿公堂的句子。

如：一则新闻的标题“搜狐与优酷对簿公堂，互联网视频版权风云再起”。

又如：

“合约到期仍使用商标，上岛咖啡与两加盟商对簿公堂。”（2008年6月19日《第一财经日报》）

“对簿公堂”是“对”谁呢？是面对面吗？显然不是，已经明确说是“对簿”了，因此上面两个例子都用错了“对簿公堂”一语。

首先，我们来看看是如何“对簿”的。“对”是个动词，它需要有主语，即是对象；簿，文状、起诉书之类，名词，可以充当“对”的对象；对簿，对证文状、核对诉书，即是受审问；公堂，旧时指官吏审理案件的地方，现指法庭。“对簿公堂”是在法庭上受审问。“对”的对象不是人，而是公文、起诉书，因此不能说某某与某某“对簿公堂”。

下面我来虚拟一个法庭。

某一是被告，某二是原告，两人均面对法官。法官问：某二你是要告某一侵权你们的视频吗？某二说：是的。法官问：某一，你说你没有侵权某二的视频？某一：是的。

这就是“对簿”的情形，原告与被告提供各说已见的证词，法官发问，由他依据证词来作出公正的判断。

“对簿公堂”源自《史记·李将军列传》：“大将军使长史急责广之幕府对簿。”其中“对簿”即为受审训。西汉距今，时间是久远了，但那不该是我们不知道“对簿公堂”一词真正意思的理由，更不是我们可以滥用它的理由。

“对簿公堂”一词说的不是当事双方在公堂上完全对立地打官司的情形，它表达的是当事人在公堂（法庭）上接受询问、审判的意思。

“哀而不伤”有分寸

天津人的方言里“哀而不伤”是个买卖用语——挨而不伤。

如说：“这么贵？要100？少点？”

“挨而不伤地少点也行。”

这里理解“挨而不伤”是多多少少在不损害利益的情况下少点也行，因为音近“哀”说成“挨”。这样用是无可厚非的，方言里的话怎么去追究，但我们不能认同。

曾听到过这样一段愤愤的话：“面对亲人的辞世，他居然表现得哀而不伤，真是太冷血了。”这里的误用就不被允许了，“哀而不伤”理解成了不伤心，这是很严重的错用。

“哀而不伤”出自《论语·八佾》：“子曰：‘《关雎》乐而不淫，哀而不伤’”意思是说，“乐而不淫，哀而不伤”的《关雎》，表达的是中和之美，欢乐而不放纵，悲哀而不伤痛，一切情感的表达都是那么的恰到好处。何晏集解：“孔曰：‘哀不至伤，言其和也。’”朱熹集注：“伤者，哀之过而害于和者也。”“乐而不淫，哀而不伤”包含了孔子对人的生命的尊重与爱护，他期望人的生活与感情都是健康、正常的，反对沉溺哀乐、毁伤生命。

原来“哀而不伤”是种境界。是种得有所然，失所以然的态度；是种处于恰到好处的状态；是种对外在环境如何变化我还是我的认识。

“石破天惊”是奇境

“石破天惊”一语多见于媒体的宣传上。

“中国获得08年奥运会的主办权，这个石破天惊的好消息，瞬间传遍全国，全国上下一片欢呼。”

“改革开放的成果越来越令人瞩目，许多来中国的人都有感于二十几年来中国发生的石破天惊的变化。”

这两个例句看似很对。让人意外的好消息、让人意外的大变化，确有这样的说法，但是“石破天惊”说的可不只是让人意外。

“石破天惊”出自唐代李贺的《李凭箜篌引》，其中说：“女娲炼石补天处，石破天惊逗秋雨。”大意是说，（乐声传到天上）正在补天的女娲听得入了迷，竟然忘了自己的职守，结果石破天惊，秋雨倾泻。补天的石头崩裂，瞬间大雨滂沱，“石破天惊”所说的出人意料还包含有难以形容的奇境。

回过头来看上面两个例子，我们也能感觉到，消息和变化似乎不能与“石破天惊”所表达的意境融合，它们给不了人横空出世的感知冲击。这就像用咖啡杯盛白开水，景很不对。

生活中有个我们没法说清的真理，被叫做第六感；当然严肃的事情上是不该拿它作证的，这里我只是借用一下我们大家都有的感受。当我们感觉到别扭的时候，某些事就是错的，说话、做事、学习上都如此。

下面我们就让事实说话吧，现代汉语词典（第五版）解释“石破天惊”说：“原形容箜篌的声音，忽而高亢，忽而低沉，出人意外，有不可名状的奇境；现多用来比喻文章议论新奇。”

潜意识里总有人把“出人意外”等于“石破天惊”，其实，在李贺的诗里就已经说得很明白了，“石破天惊”不只要出人意外，还要有不能名状的奇境，这是消息和变化永远实现不了的，就算修饰起来我们看了也会觉得不是那么回事。

“侧目而视”意思重

大家知道“侧目而视”是什么样子吗？是轻蔑？是敬仰？

我们看一下这个例句：

“在很短的时间内，张明老师就发表了几篇颇有影响的论文，令人侧目而视。”

例句含夸赞的意味，但“侧目而视”没有刮目相看的意思，也不是褒义词，上面的句子用错了词。

如果从字面上理解，“侧目”是不正视、斜眼看，“侧目而视”是轻蔑地看。这也是不正确的。

“侧目而视”这个成语出自西汉司马迁的《史记·汲郑列传》：“天下谓刀笔吏不可以为公卿，果然。必汤也，令天下重足而立，侧目而视矣！”这里的“汤”指的是汉武帝时的酷吏张汤，他从事司法工作，担任“刀笔吏”职务。整句话的意思是，天下人都说刀笔吏不能做公卿，果然如此！如果一切都按张汤的主张去做，就使天下人陷入重足而立、侧目而视的恐惧之中了！“侧目而视”形容愤怒、不满或畏惧的样子。

关于“侧目而视”还有个故事。

战国时期，说客苏秦游说连横之策没有成功。穷困潦倒地回到家里，而“妻不下织，嫂不为炊，父母不与言。”（妻子在织布，不走下架，嫂子不烧饭给他吃，连亲生父母都不理他。）在此种恶劣的环境中，苏秦潜心学习，发愤图强，学问大增。后来他游说赵王合纵抗秦，一举成名；六国封相，衣锦还乡。路过家门时，“父母闻之，清宫除道，张乐设饮，郊迎三十里。妻侧目而视，嫂蛇行匍匐。”（父母郊迎三十里，妻子不敢正视看他，嫂子如蛇一样匍伏前行，跪拜谢罪。）

前后两个场面的鲜明对照，逼真地描绘出了一群势力庸俗的小人。其中“妻侧目而视”说的是，苏秦妻子拘谨畏惧的样子。

“东山再起”有基础

首先，要强调的是“东山再起”一词，只用于人而不用于物。

如：“打假活动是长期的，如果我们稍有疏忽，冒牌货就会东山再起。”

这就用错了。

另外，这一词语含褒义色彩，指退隐后再度出任要职。也比喻失势后重新恢复地位。

“东山再起”语出《晋书·谢安传》：“隐居会稽东山，年逾四十复出为桓温司马，累迁中书、司徒等要职，晋室赖以转危为安。”

东晋时期，有位名士姓谢名安。谢安少年时期就显示出了过人的聪明，成年后，他在朝中任职。但后来因为他不喜欢玩弄权术，便辞去了官职到会稽附近的东山隐居。谢安在当时的士大夫阶层中名望很大，他跟王羲之是好朋友，经常在会稽东山游览山水，吟诗谈文。

后来前秦南侵，东晋危在旦夕。外敌压境，晋孝武帝和京城的文武官员都着了慌，谢安临危受命，当了东晋的宰相。他亲自率军在淝水指挥作战，将强大的敌人打得大败。这次战役史称“淝水之战”，是我国历史上著名的以弱胜强的战例之一。

因为谢安长期隐居在东山，所以人们把他重新出来做官这样的事称为“东山再起”。谢安退出官场，经历隐居生活后，又重新步入官场且出任要职，这样就不是任何东西或是随便什么人，都能“东山再起”了。

“糟糠之妻”共患难

总是会听到某某发达后抛弃糟糠之妻另结新欢的故事，“糟糠之妻”是指长相很丑陋的妻子吗?

有话说：“贫贱之交（知）不能忘，糟糠之妻不下堂。”关于这句话的出处有人认为是东汉时期的俗语，大司空宋弘也说过此话。但不管此语最早出自何处，它成了古今都有不少人拿来引用的佳话。

下面我们一起听听宋弘的故事吧。

刘秀当了皇帝后，万事如意，一切顺利。却有一件事让他很费心，他姐姐湖阳公主，因为早年丧夫，整日闷闷不乐。刘秀多次派人给她提亲，说了一个又一个，可是姐姐就是不满意。后来，刘秀得知她看上了宋弘。于是便有了《后汉书·宋弘传》中记载的对话。

光武帝谓弘曰："谚言贵易交，富易妻，人情乎？"

弘曰："臣闻贫贱之知不可忘，糟糠之妻不下堂。"

宋弘一身凛然正气，回答的是，贫贱时交的朋友不能忘，和自己共贫苦的妻子不能让她离开家中的正堂，也就是她的第一夫人的位子不能改变。

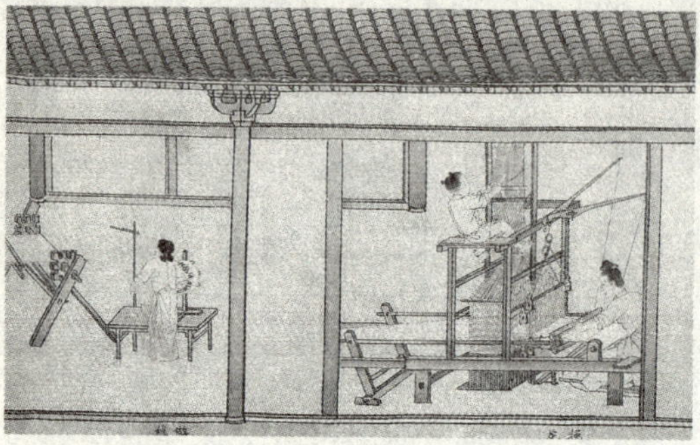

得到这样的答案，刘秀深为宋弘的为人感动，不仅没有责怪他，反而对他更加看重。

"糟糠之妻不下堂"这句话中的"糟糠之妻"是指同自己一起经历过苦难的妻子，"下堂"意即被休掉。自宋弘起，"糟糠之妻不下堂"的故事便被广为流传，它代表着夫妻互不相忘的感情，是夫妻相敬如宾的典范。

"糟"是酒糟，"糠"是米糠，它们都是粗劣食物，是穷人们用来充饥的东西。因此"糟糠之妻"指的是贫穷时共患难的妻子，不是说妻子粗俗丑陋。现在，人们也用"糟糠妻"作为"妻子"的谦称。

"汗牛充栋"书籍多

我们来看下面的例子：

"以儒家正统的孔子和孟子的传世之作为例，其内容难道不也是汗牛充栋，杂七杂八吗？"

"古人中不乏刻苦学习的楷模，悬梁刺股者、秉烛达旦者、闻鸡起舞者，在历史上汗牛充栋。"

“由广播转向电视，身兼两职者，有不少人是成功的，但也有一些是不能令电视观众满意的。现在，广播不景气，电视频道却越开越多，由于缺乏电视节目主持人，难免汗牛充栋。”

这些例子都错用了“汗牛充栋”这一成语。“汗牛充栋”是指多，但它只能用来形容书籍多，不能用来修饰别的东西，含褒义。

成语“汗牛充栋”出自唐代柳宗元的《文通先生陆给事墓表》。唐代学者陆质对孔子的《春秋》特别有研究，他的研究仔细而深刻，著有《春秋集注》《春秋辨疑》《春秋微旨》等书。柳宗元对陆质治学的严谨态度深表敬佩，在给逝去的陆质写的祭文中柳宗元这样写道：“其为书，处则充栋宇，出则汗牛马。”“充栋宇”和“汗牛马”合并调整，生成“汗牛充栋”这个成语，用来表示藏书多。

“汗牛”是使牛出汗的意思，而“充栋”是使房屋充满。此成语意思就是用牛运书，牛要累得出汗；用屋子放书，要放满整个屋子，它主要用来形容藏书很多。

“下里巴人”并非下等人

下面是一道成语使用得当题：

“白居易在地方为官时很注意接近民众，不管是乡间农妇还是下里巴人，他都能谈得来，从他们那里得到很多创作素材。”

对于“下里巴人”一词我们都很陌生，因为平时就很少接触到。这样的一道题一摆，我们就疑惑了，在题中“下里巴人”用得到底恰不恰当呢？

关于“下里巴人”这个成语的记载，最早见于战国时期楚国宋玉的《对楚王问》，其中说：“客有歌于郢中者，其始曰《下里》《巴人》，国中属而和者数千人……其为《阳春》《白雪》，国中属而和者不过数十人。”唐人李周翰注曰：“《下里》《巴人》，下曲名也。《阳春》《白雪》，高曲名也。”《下里》《巴人》是古代楚国的民间通俗歌曲，战国时期流传于巴、楚交汇之地，是周武王伐纣时巴人乐歌的历史延续与自然演进。

宋玉将当时（即楚襄王时期，公元前3世纪）楚地传唱的歌曲分作三类：一类之《下里》《巴人》相当于现代的通俗歌曲；二类之《阳阿》《薤露》比较通俗；三类之《阳春》《白雪》为高雅歌曲。

现在我们清楚地知道，考题上对“下里巴人”这一成语用得不得当，它不指下等人。“下里巴人”指的是通俗的文学艺术，与“阳春白雪”相对。

“誉满杏林”医德高

“杏林”这一词语，生活中很少听到，它的运用也不是很广泛，但它是一个大家有必要了解一下的词语。

“杏林”是中医界的一个常用词，经常由该词组成“杏林春暖”“誉满杏林”等类的词语来赞美医术高超、医德高尚的大夫。该词产生于汉末，典出三国时期福建籍医生董奉。

据记载，三国时吴国有位民间医生，姓董名奉，字君异，福建侯官县（今福州市）人。他行医到庐山，见庐山山清水秀，风景如画，就定居了下来。他在住的山上，开辟了一个杏园。

董奉很有道术，同时也精通医术。关于他的一个最传奇的故事是：当时，交州刺史杜燮得了毒病，已经死去三日。董奉碰巧看到死者的面容，便给他的家人三丸药，让他们放入死者口中。之后，奇迹便发生了，杜燮竟然能睁开眼，进而开始活动手足，脸色也渐渐恢复了红润。人们看到这件事很是吃惊，便欢呼董奉为“仙医”。

董奉每天为周围的群众治病，却分文不收。他唯一的要求就是在被治愈之后，如果愿意，重症患者在他的杏园栽种五棵杏树，轻者栽种一棵杏树。就这样过了好几年，董奉杏园里的杏树已经达到十万余株，郁郁葱葱，蔚然成林。春天，杏花满枝漫舞；夏天，杏树郁郁葱葱；秋天，果实累满枝头。因为优美的自然环境，杏林召来了山中的各种飞禽走兽到这里游玩戏闹。

秋季杏子成熟的时候，董奉便在杏林里盖一间仓房。他告诉大家，想要买杏的人不用和他说，只要拿一罐粮食倒进仓房，就可以装一罐杏带走。说到这里还有一段称得上是神话的插曲。

曾经有个人，他放入仓房的谷子少，但取走了很多的杏子。杏林里的老虎便都怒吼着追赶他，那人非常害怕，急忙提着杏子往回跑，结果慌不择路，跌倒在地，撒了许多杏子。后来，回到家一称，竟然和送去的谷子一样多。有时，遇上偷杏子的人，山里的老虎就追赶到他的家里，把他咬死。家里人知道后，惶恐不安地赶紧把偷来的杏子如数送还董奉，董奉便给其针灸施药，然后那人就复活了。

董奉把每年卖杏得来的粮食都用来周济庐山附近贫苦百姓和在外赶路缺少路费的人，一年散发出去的粮食有两万斛之多。

传说董奉活了100多岁。在他去世后，庐山一带的百姓便在杏林中设坛祭祀他。董奉让患者种植杏树，不要诊费的高尚医德和情操，给中医药传统文化留下了光彩夺目的一页。人们以“杏林”作为医者为民谋益的典实，用“董仙杏林”“杏林一绝”等称颂医术高超、医德高尚的医生。

“长袖善舞”不跳舞

“长袖善舞”这一词语是很会跳舞的意思吗？像下面的句子：

“问题是，纵使石油外交长袖善舞，正在诸多地区获得合作开发等方面的冲破，正在国际石油的挤压之下总量也仍然有限。”（《21世纪经济报道》2004年10月13日）

事实上，这样的使用是错误的。“长袖善舞”形容有财势会耍手腕的人，善于钻营，会走门路，含有很大的贬义。

“长袖善舞”一词出自《韩非子·五蠹》：“鄙谚曰：‘长袖善舞，多钱善贾。’此言多资之易为工也。”喻意有所凭借，事情就容易成功了。说到这个成语，就一定要提到两个人——范雎、蔡泽，司马迁的《史记》中载有他们的传记。

范雎，战国时魏国人，著名政治家、军事谋略家。最初他在魏国的中大夫须贾手下做事，后来因为被须贾打得半死，逃到秦国，化名张禄。在秦国，范雎因向秦昭王献“远交近攻”的外交政策，而被拜为客卿，后官至相国，封应候。

蔡泽，战国燕国人。蔡泽曾游说于赵、韩、魏等国，但都未被用。后来，他来到秦国，在拜见了昭王后，深受昭王赏识，后来他也由客卿而为相国。蔡泽虽然担任相国的时间才几个月，但他在秦国住了十多年，从秦昭王起，经孝文王、庄襄王到始皇帝，一直受到尊重，号为

“纲成君”。

范雎、蔡泽两人都有极好的口才，都是能言善论的说客，也因此他们都得到了秦王的信任。司马迁借韩非的句子感叹“衣袖长的人善于跳舞，有钱的人会做买卖”。对这两人施展手段进而吃得开的行为，进行了讽刺。

戏曲中的许多剧种里，如京剧、豫剧、越剧等等，在演员舞蹈中，他们会借用水袖表现大幅度的形体动作。水袖是演员戏服衣袖前端的白色部分，它作为主要表演手段运用，是特制的长袖。水袖配合着抖、甩、摆、翻等功法，完成一个个高难度的技巧表演，是舞台上的演员夸张诠释人物情绪的工具。

演员水袖功夫如何，往往代表其表演水平。但是，我们绝不能把戏曲演员精湛的水袖表演称为“长袖善舞”。现在，一些报刊上的很多文章中都使用到“长袖善舞”这一词语，但往往都忽略了其中包括的贬义色彩。

“三长两短”说棺材

平日里我们理解的“三长两短”似乎没什么大不了的。

“考前每个考生都应充分复习好，否则，上了考场万一有个三长两短，就会影响正常水平的发挥。”

但其实它是挺严重的，《现代汉语词典》解释“三长两短”为：指意外的灾祸、事故，特指人的死亡。

“三长两短”的由来与棺材有关。我们大家都知道，棺材是用六片木材拼凑起来的。这六片木材长短不一，长的木材包括棺木盖、棺底、两个侧面的棺木，短的木材包括前后两个封口。棺木盖及棺底在民间被人们称为天、地；左右两片棺木俗称是日、月；前后两块是彩头、彩尾。

这样说来，不是该叫“四长两短”吗？实则却不必，尸体入棺后才能上棺盖，躺进去之前棺材确实只有三长和两短，而这就已经够凶险的意味——人的死亡了。因此“三长两短”是说棺材的木板是不需疑问的。

《礼记·檀弓上》记载：“棺束，缩二，衡三；衽，每束一。”孔颖达注曰：“棺束者，古棺木无钉，故用皮束合之。缩二者，缩纵也。纵束者二行也。衡三者，横束者三行也。衽，每束一者。衽，小要也，其形两头广，中央小也。既不用钉棺，但先凿棺边及两头合际处作坎形，则以小要连之令固，并相对每束之处以一行之衽连之，若竖束之处则竖著其衽以连棺盖及底之木，使与棺头尾之材相固。汉时呼衽为小要也。”大意是说，古时棺木用皮条捆合，纵的方向捆两道，横的方向捆三道，衽的地方捆一道。

古时棺材是用皮条捆的。横的方向木板长，纵的方向木板短，因此，横的方向上捆三道，纵的方向上捆两道。也即“三长两短”。“衽”原本指衣服的缝合处，棺材的“衽”指连接棺盖与棺底的木楔，形状为两头宽中间窄，插入棺口两旁的坎中，可使盖与棺身密合。衽与皮条联用，可使棺盖更为紧固。

由上看来，“三长两短”和棺材是分不开了，棺材预示性命不保，这事可是不小了。

成语“三长两短”通常用来指意外灾祸，民间多作“遇难”“死亡”等词的比较委婉的说法。“三长两短”有时也被缩略成“长短”，意思不变。

“弹冠相庆”贬坏人

我们先来看几个用到“弹冠相庆”的例子：

“昨天，市高院对文强案二审公开宣判，依法驳回文强、周晓亚、黄代强、赵利明、陈涛的上诉，维持一审判决。老百姓弹冠相庆。市民拉横幅、放鞭炮庆贺，表达出民意对于黑恶势力的深恶痛绝，对于法律正义的欢欣鼓舞，对平安重庆的热烈期盼。”（2010年5月22日《重庆晨报》）

2006年6月19日，德国世界杯C组小组赛的一场比赛中，瑞士队对阵多哥队，瑞士队员首开纪录，某门户网站的标题是“瑞士队员首开纪录，弗雷与队友弹冠相庆”。

“斯韦思林杯终于回到了我们的怀抱！当普天弹冠相庆时，人们不由得不佩服蔡振华在用人上的眼光和胆量。”（《新安晚报》1995年5月9日）

人们常常误用“弹冠相庆”一词，也因此常常识别不出关于这个词的错例。

“当中国女排捧回冠军奖杯时，举国弹冠相庆，无不佩服陈忠和教练的坚韧和勇气。”（04年广东卷）

“弹冠相庆”这一词语确实有胜利者弹去帽子上的灰尘，互相庆贺的意思。但是，它不能用于一切胜利者。它是一个贬义词，多指坏人得意的样子。

“弹冠相庆”出于《汉书·王吉传》：“吉与贡禹为友，世称‘王阳在位，贡公弹冠’，言其取舍同也。”弹冠，弹去帽子上的尘土。原本是说王吉、贡禹两人友善，王吉做了官，贡禹也准备出仕。这里的

"弹冠相庆"没有贬义色彩。

北宋著名作家苏洵在《管仲论》一文中说道："一日无仲，则三子者可以弹冠相庆矣。"这段话里面的故事是："春秋时期，齐桓公有三个近臣，均用卑鄙手段讨悦取宠。一个是竖刁，自宫入内；另一个是易牙，烹子媚君；再一个是开方，弃亲求荣，他们相互勾结祸乱齐国。后来齐桓公重用管仲为相，这三个人无以施其伎俩。在管仲刚去世后，这三个人高兴得不得了，马上各自回家取出旧宠帽来，弹灰跳跃，相互庆贺，准备卷土重来。"

"弹冠相庆"从此带上了贬义色彩。

现代作家蒋光慈在《乡情》中写道："农民协会封闭了，豪绅们又重新弹冠相庆。"在这里，"弹冠相庆"说的是豪绅恶霸们得意的样子。

"豆蔻年华"是专指

"豆蔻年华"这一词语经常出现在媒体的文章中。

"在灯与人的海洋中，豆蔻年华的少男少女是最神采飞扬的一群。"

"（吉相美）1983年开始踏上这片土地，从20出头的豆蔻年华干到如今两鬓飞霜，20多年如一日，兢兢业业，任劳任怨。"（《华南新闻》2004年6月24日）

虽然是出现在大家通常不会质疑、具有较高可信度的报纸上，但他们确实是用错了"豆蔻年华"一词。

"豆蔻"是一种多年生常绿草本植物，高约丈许，外形像芭蕉，春末夏初开花，花淡黄色，二月为含苞期。

唐代诗人杜牧的《赠别》诗曰："娉娉袅袅十三余，豆蔻梢头二月初。春风十里扬州路，卷上珠帘总不如。"大意说，体态轻盈美丽的十三四岁的少女，看起来就像是二月初含苞待放的豆蔻那般美好。诗中的"十三余"明白无误地确指为十三四岁的少女，自此以后人们便常以"豆蔻年华"来形容少女。到了现在，虽然不拘泥于杜牧所说的"十三余"这个年岁，但若是女子二十岁还称是"豆蔻年华"，是不是太过于牵强了？

对于女子的不同年龄，有与之对应的不同称谓。如女孩12岁往往被称为"金钗之年"，13岁被称为"豆蔻年华"，15称为"及笄之年"，16岁称为"碧玉年华"，20岁称为"桃李年华"，24岁称"花信年华"。

"翻云覆雨"变化快

"翻云覆雨"是褒义词？

"当年的华裔小提琴手陈美翻云覆雨，风头豪不逊于现在的女子十二乐坊。"（《京华时报》2004年9月12日）

"辛弃疾继承并发扬了苏东坡的豪放风格，以翻云覆雨的笔力，激昂跌宕的气势，抒情言志，针砭现实，形成南宋词坛一大流派。"

"翻云覆雨"一词释义为，翻手为云，覆手为雨。比喻反复无常或惯于玩弄手段，是个贬义词。显然，用在上面两处是不合适的。

此词出自唐代杜甫《贫交行》一诗，诗曰："翻手作云覆手雨，纷纷轻薄何须数。君不见管鲍贫时交，此道今人弃如土。”此诗作于作者困守京华的背景下，他饱谙世态炎凉、人情反复的滋味，故愤而为此诗。

诗的开篇“翻手为云覆手雨”，就给人一种势利之交诚可畏也的感觉。得意时便如云之趋合，失意时便如雨之纷散，翻手覆手之间，忽云忽雨，其变化的迅速如此地无常。

进而诗人又感慨“君不见管鲍贫时交”，这一问如当头一喝，将古人与今人作了对比，给这首抨击黑暗的诗篇添了一点理想光辉。但其主要目的，还在于鞭挞现实。古人以友情为重，视情重于磐石，相形之下，今人之轻薄益显，“翻云覆雨”的市侩让人心寒。

整首诗解释下来，“翻云覆雨”的词义已经很明了了。然而，我们也要感叹一下，“翻云覆雨”不可取。

“灯红酒绿”也繁华

提到“灯红酒绿”一词，第一时间跃于我们眼前的就是寻欢作乐的腐化场景。

如：“少数人过着灯红酒绿，醉生梦死的生活，人民不满。”（老舍《鼓书艺人》十九）

然而，是不是太习惯了，所以我们就看不惯“每当夜幕降临，饭店里灯红酒绿，热闹非常。”这样的句子，总觉得“灯红酒绿”出现的场合必堕落不堪。

这是人们对词语“灯红酒绿”的误解。“灯红酒绿”释义为形容寻欢作乐的奢侈糜烂生活，却也可用来形容都市或娱乐场所夜晚的繁华景象，这繁华可以是褒义的形容。

“灯红酒绿”出自清代吴趼人《二十年目睹之怪现状》第三十三回“假风雅当筵呈丑态，真义侠拯人出火坑”，其中有句：“（玉生）侧着头想了一会道‘灯红酒绿’好吗？”文中意思是，“灯红酒绿”是玉生想到的贴切吃酒的事。

一般认为，“灯红酒绿”中的“绿”字，即是绿色的意思。在古代有一些酒的颜色是绿色的，如翡翠一般，清凉透明，相当漂亮！一位资深考古学家也在电视中证实：成语“灯红酒绿”中的“绿”是颜色。

“灯红”即为红色的灯光。灯光酒色，红绿相映，是会让人炫目。可是炫目的可不光是寻欢作乐的奢靡场景可以，灯光阑珊的黑夜，热闹场所的尽情宣泄也可以。

“蓬荜生辉”是自谦

“蓬荜生辉”是使陋室增添光辉。这个成语经常出现在报纸、文刊上，现在也经常出现在广告语里。

“使用我厂生产的涂料装修您的居室，保您蓬荜生辉！”

“先锋超薄等离子显示器配有多种接口，无论是录像机、光碟机还是电脑图像均可传神显示。设在室内，挂在商场，或放在大堂，一定让您的居室蓬荜生辉，商场的品位超群，成为高档建筑的点睛之笔。”

大家都知道“蓬荜生辉”是谦辞，但到底是谁谦呢？是谁让谁“蓬荜生辉”了？

我们先来看看“蓬荜”。杜甫在《客至》中写道：“花径未曾缘客扫，蓬门今始为君开。”“蓬门”是用蓬草编的门，“蓬”代指蓬草，“荜”通“筚”，即用荆条、竹子等编制成的篱笆等物。“蓬荜”是“蓬门荜户”的缩略语，即是用蓬草、荆条、竹木等编成的门户，指代穷苦人家简陋的房屋或穷苦人家。

“蓬荜”是够简陋的！你要是用此词称呼别人家，就等于不带脏字的骂人了，怕是很不合适吧？唯一你再贬低也不会有人找你事的，就只能是你自己了，“蓬荜”谦的就是自己的家。“蓬荜生辉”谦称别人到自己家里来或张挂别人给自己题赠的字画等给自己的家增添了光辉。因此，上面的例句是“蓬荜生辉”的误用。

明代冯梦龙《醒世恒言》第十五卷有语：“尼姑谢道：‘小尼僻居荒野，无德无能，谬承枉顾，蓬荜生辉。’”

清代石玉昆《三侠五义》第七十八回道：“今日那阵香风儿，将护卫老爷吹来，真是蓬荜生辉，柴门有庆。”

“桃之夭夭”不逃跑

《现代汉语词典》第五版里这样解释“逃之夭夭”：“《诗经·周南·桃夭》有‘桃之夭夭’一句，‘桃’、‘逃’同音，借来说逃跑，是诙谐的说法。”“桃之夭夭”变作“逃之夭夭”，用来说逃跑，那原来的“桃之夭夭”说什么呢？

《诗经·周南·桃夭》全诗为：

桃之夭夭，灼灼其华。之子于归，宜其室家。

桃之夭夭，有蕡其实。之子于归，宜其家室。

桃之夭夭，其叶蓁蓁。之子于归，宜其家人。

这是一首贺新婚歌，也即送新嫁娘歌。歌词在庆贺一位年轻姑娘的出嫁，其中“桃之夭夭”为最主要的意象，“桃”即是指桃树，“夭夭”是指茂盛的样子，因此，“桃之夭夭”就是指春天桃花盛开的时候。桃花花朵鲜艳茂盛粉红似火，就在这个美好的时候，新娘举办了隆重的婚礼。

在新婚喜庆的日子里，红灿灿的桃花比喻新娘的美丽容貌，能娶到这样的姑娘，一家子怎不和顺美满呢！果实累累的桃树比喻新娘将会为男家多生贵子，使其家后嗣兴旺。

《桃夭》通篇以红灿灿的桃花、丰满鲜美的桃实、青葱茂盛的桃叶来表达对新婚夫妇的美好祝福。

原来“桃之夭夭”是在说，一场以艳丽的桃花纷繁开放为背景的盛大婚礼。“桃之夭夭”渲染着新婚的喜庆气氛，也见证着来宾们对新婚夫妇美好的祝愿。

一字之变却变了全部意象，切记此“桃”非彼“逃”。

“鼎力相助”谢他人

对于“鼎力相助”这一词语，我们总有误解：

“虽然借助于美国人的鼎力扶持，日本跃居为当今世界第二大经济强国……”（《日本，听我对你说》——1999年第4期《读者》）

“真正鼎力相助的是低微的丫头紫鹃。她提醒黛玉早作决断……”

是谁出了力，又助了谁？

鼎在我国古代被视为立国重器，是国家和权力的象征。就是现在，中国人仍然有一种对鼎的崇拜意识，“鼎”字也被赋予“显赫”“尊贵”“盛大”等意义，如说一言九鼎、大名鼎鼎、鼎力相助等等。

“鼎力”是大力的意思，“鼎力相助”即大力相助，带有夸赞之意。中国人没有自己夸自己的习惯，那夸的就是别人了。“鼎力相助”是用于求人相助时的客气话，或指别人出力帮助了自己。

刘玉民在《骚动之秋》二十五章中有语：“‘二龙戏珠’是嬴官的得意之作，他自然没有不鼎力相助的理由。”

王火在《战争和人》（三）中则说：“翘老感慨得对，我今天来是为了冯村的事来烦请翘老鼎力相助的。”

“木人石心”非愚笨

“木人石心”是个很少见的词语，字面上看，木头做的人，石头做的心，“木人石心”会不会就是说人很笨呢？

关于“木人石心”这个成语，这里要给大家介绍一个人，他叫夏统。下面是他的故事：

西晋时期，有个叫夏统的人，字仲御，会稽永兴（今浙江绍兴）人。夏统小时候便死了父亲，家里很穷，他经常顶着星星去采野菜，很晚才回家；有时也去海边，拣些蛤蚌来补助生活。他对母亲很孝顺，跟兄弟相处得也很和睦。

夏统博览群书，又很善谈论，于是夏族的一些亲戚劝他去做官。对他说：“以你的品德和学问，可以跟郡府联系一下，肯定能有个像样的官职，何苦在山野海边操劳呢。”夏统听了这话，很生气，他回答说：“你们怎么这样看待我呢？假如让我处于太平盛世，我可以与元凯共评议同出入；如果遇到混浊的时代，我也一定会和屈原一样自沉江河，以死抗争；如果处于这两种时代之间，则自然会象长沮和桀溺一样隐居遁世，哪能在朝廷官府间使自己受辱委屈求生呢？我心甘情愿耕种。听了你们的话我都觉得脸红！”他的话说得族人很惭愧，他也从此不再和族人见面了。

一次，夏统的母亲病了，他去洛阳买药。正赶上三月初三上巳节，洛阳的平民显贵，蜂拥出游，车骑来来往往如云彩一般，塞满洛水两岸的道路。夏统在船上晾晒所买的药材，对岸上的热闹景象，看都不看一眼。

游人中有位贾充，是当朝的太尉（最高军事长官，与司徒、司空合称三公），他见船上的夏统与别人不一样，便派人问他姓名。夏统开始没回答，又问，他才慢声慢语地说：“会稽夏仲御。”又问：“你在海边居住，会使船吗？”夏统说：“会。”说着便非常灵巧地驾着船在大浪中盘旋，撑一下长长的船梢，船就向前越进三次。观看的人一片赞叹。

贾充对夏统越发感兴趣了，便靠近了他的船，与他交谈。由于风浪很大，对贾充的问话，夏统都洪亮地回答。当贾充问到“可以请你做官吗？”时，夏统却低着头，不说一句话。

贾充又问：“你能唱歌么？”夏统说：“先公（指夏禹。禹葬于稽山）教化，圣泽犹存，百姓都敬仰禹王，创作了《慕歌》……”

夏统引吭高歌，他脚叩船板，打着拍子，歌声慷慨飞扬，动情处好像雨泼雷响；长啸时好像沙扬烟涌……

被歌声吸引的游人都说：“今天不来游洛水，怎么能听到如此精彩的歌唱！”

贾充更想招揽这位奇才了，便请夏统观赏自己带来的豪华的仪仗队。还让歌女穿着艳服，乘船在夏统的周围绕了三圈儿。

夏统自始自终都正襟危坐，似乎什么也没看见。

贾充感慨地说：“此人是‘木人石心’啊！”

到了这里，木人石心，可没有愚笨的意思，它形容意志坚定，对任何诱惑都不动心。

“登堂入室”至佳境

“登堂入室”这一词语第一次出现在我眼前，是指一个小偷的“来访”，当然现在已经很少有那样的误解了，但现在报刊和网络上对这一词的误用仍旧屡见不鲜。

作为一个连动式词组，“登堂入室”的主语应当是人而不应该是物。

如，“某医院让大批假药‘登堂入室’，一名因大量失血而紧急抢救的病人，在连打17针假冒‘立止血’后，抢救无效死亡。”

上句中，“假药”是不能够“登堂入室”的。

另外，“他接到导师的电话，驱车赶往导师家里，登堂入室。”这种用法，也是欠妥的。

“登堂入室”一词出自《论语·先进》，其原文为：“子曰：‘由之瑟，奚为于丘之门？’门人不敬子路。子曰：‘由也升堂矣，未入于室也！’”

子路是孔门弟子之一，姓仲名由，又称季路。子路性情耿直，是个很勇敢的人，而且擅长弹奏乐器。曾先后在鲁、卫二国为官，后随孔子游学于列国。孔子对子路十分喜爱，常常对他的言行举止进行教导。

有一天，子路鼓瑟，孔子闻其琴音，其旋律里充满战斗的激情，满含肃杀之气，使人想到战场上的杀戮。于是，孔子责备他说：“你弹奏的琴音，很不祥和，你怎么是出自我的门下呢？”其他弟子听到孔子这样责训子路，都误认为孔子不喜欢子路，就对子路很不恭敬。孔子了解到这种情况后，解释说：“子路的学问已经大有成就，但是未至佳境。就像人们从外面进来，登上厅堂，但是还没有走入内室一样。”

堂，古代宫室的主要部分之一，位于宫室主要建筑物的前部中央，用于举行典礼、接见宾客和日常生活起居，坐北朝南。

室，古代宫室中供人居住寝卧的房间，位于堂之后，有窗户与堂相通。

“登堂入室”原指登上厅堂，步入内室。后来比喻学问或技能由浅入深，逐步达到了很高的境界，多用来赞扬人在学问或技能方面有高深的造诣。

清代李渔在《闲情偶寄·声容·习技》中写道：“听其翻阅，则书非书也，不怒不威而引人登堂人室之明师也。”

孙中山的《知难行易》第三章也使用过这个成语：“由文法而进窥古人之文章，则登堂人室，有如反掌。”

美文辞“一字千金”

怎么会“一字”就有“千金”之贵呢？

传说战国末期，大商人吕不韦做了一笔中国古代历史上最大的投机生意。他出巨资帮助了当时在赵国做人质的秦异人登上了秦国的王位，秦异人便是后来的庄襄王。庄襄王对吕不韦十分感激，封他做了秦国的国相。

吕不韦由一介商人摇身变成一人之下、万人之上的显赫人物，朝中的大小官员嘴上不说，心里却都很不服气。吕不韦也知道他的政治资望太浅，免不了人们会在私下议论。于是，他决定要提高自己的声望来让人们信服。

在吕不韦苦苦思索该如何来提高声望时，有人说："我们知道孔子，大部分是因为他写了部叫《春秋》的书；孙武能当上吴国的大将，是因为吴王欣赏他写的《孙子兵法》。"听到这样的话后，吕不韦很受启发，他决定效仿古人，编一本书来让人们知道他，以此提高自己的威望。吕不韦将书命名为《吕氏春秋》，言下之意是要与孔子试比高。

吕不韦的三千门客，在很短的时间内便完成了《吕氏春秋》的书稿。之后，吕不韦为了炫耀自己，让大家都能见识到自己编的书，他让人把书稿重新抄写了一份，贴在咸阳城门上，并发出布告："谁能把书中的文字增加一个或减少一个，甚至改动一个，赏黄金千两。"

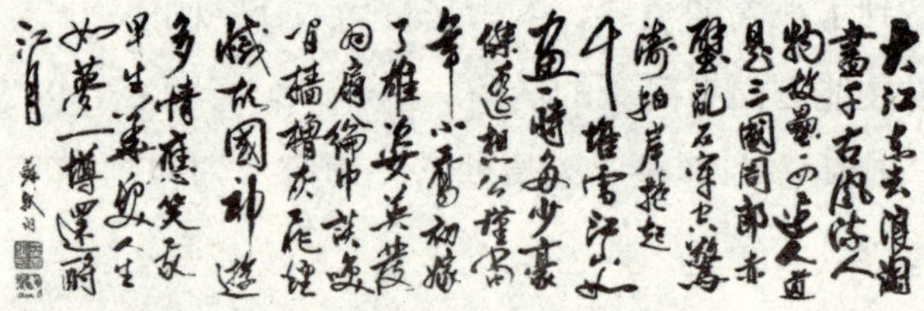

事情的结果可想而知，人们畏惧吕不韦的权势，别说是上去挑书中的毛病了，就是走近书稿看一下都是战战兢兢的。不过，这部书在当时也算是书中的极品，是集大成之作，一般人挑出点儿毛病是很难的。

"把书中的文字增加一个或减少一个，甚至改动一个，赏黄金千两。"是为"一字千金"。现在，人们用"一字千金"来称赞文辞精妙，不可更改。

“拖油瓶”是定指

“拖油瓶”有拖后腿的意味，但是不是凡涉拖累就叫“拖油瓶”呢？

2008年1月22日的《工人日报》第1版，刊登了一篇名为“原来家里顶梁柱，现在成了拖油瓶”的报道。它反映的是农民工的职业病问题，有一名农民工被确诊为锰中毒，丧失了劳动能力，由“顶梁柱”变成了“拖油瓶”。

作者把“拖油瓶”理解成是拖累的包袱这也许对，但他把累人的病人说成是“拖油瓶”是完全错了。

“拖油瓶”专指妇女再嫁时携带的与前夫所生的儿女，这里是不是拖累，我们自然是难定的。但至于为什么有这样一称呼，我们是可以寻寻根的。

有人认为，今天我们说的“拖油瓶”，原是“拖有病”。旧时寡妇再嫁，娶她们的人多数家境不太好，加上旧社会天灾人祸频繁，她们带来的小孩免不了会有个什么灾病的，但这往往会引起前夫亲属的指责。为了避免这类纠葛，现任丈夫总要请人立下字据，言明前夫子女来时就有病，今后如有不测与后夫无关。字据上写的是“拖有病”，因为读音相近的关系，以讹传讹成“拖油瓶”。

另外，还有一种说法，认为“拖油瓶”是个形象的比喻。在玻璃瓶子出现以前，农村大多用竹筒做油瓶。古代人们用油来烹饪和点灯，它自然就成了必不可少的生活用品。因此，一旦村子里有人进城，左邻右舍都要求代购。油瓶多了自然拿不过来，只能用一根绳子绑在一起，哐啷哐啷地放在地上拖着。因为油瓶不是自己的，可以任其在地上随意滚打，犹如孩子不是自己的，就可以随便对待，于是“拖油瓶”成了十分形象的称谓。

民间说法本来就难统一，各有一说是正常的事，但有一点是非常确切的“拖油瓶”定指再婚妇女带到新夫家的儿女。

“三姑六婆”尤可恶

“每次碰到那些三姑六婆之类的老一辈人，总要听他们唠叨，今天还不又是这样？说谁家的闺女好，要给我介绍对象，虽然烦得不得了，嘴上还是得答应，唉，真拿她们没办法。”一个小伙子吐苦水道。

想笑他的好福气，但又觉得他的话咯得慌，怎么那么不顺耳呢？姑姑、外婆以外的长辈，称“三姑六婆”吗？

查了些资料，我找到了自己反感的证据。“三姑六婆”是人人厌恶的一群人。

关于“三姑六婆”的来历，最早可追溯到明代。明代有位叫陶宗仪的学者，在他的笔记中记载了“三姑六婆”的身份。“三姑”指的是三种宗教的出家女性，佛教的尼姑、道教的道姑、专门占卦的卦姑。“六婆”为牙婆、媒婆、师婆、虔婆、药婆、稳婆。

“六婆”中，“牙婆”是专门贩卖人口的人贩子，专为人买卖奴婢、妾侍。“媒婆”是专为人介绍姻亲的女性。“师婆”是专门画符施咒、请神问命的巫婆。“虔婆”是妓院内的鸨母。“药婆”是专门卖药的女人。“稳婆”则是专门接生的接生婆，如果发现女尸，亦会由稳婆负责验查是否被人先奸后杀。“六婆”是各种职业的名称，有时一人可以身兼数职。

“三姑六婆”通常不学有术，又深入家庭，与良家妇女接触，加上从前的家庭妇女多半愚昧可欺，所以“三姑六婆”诱骗妇女图己私利时，往往连连得手。久而久之“三姑六婆”为人所不齿。戏剧里，唆使潘金莲与西门庆通奸的那个婆子令我们痛恨。

直至今日，“三姑六婆”仍是那些出馊主意、迷信宣传者的代名词。

看来词语是要慎用的，不然不光惹人笑话，一不小心还会伤及到感情。

2

典故考对

“红得”为何要“发紫”

我们常用“红得发紫”来形容某人在某个领域的地位或在某方面的境遇好的程度，红，是说好的意思，有成功之极的意味，红就“红”呗为什么还要“紫”了呢？

孔子在《论语·阳货》中说：“恶紫之夺朱也。”东汉刘熙《释名·释采帛》中亦有句曰：“紫，疵也，非正色，五色之疵瑕，以惑人者也。”曾经紫色是不被看重的。古时，紫属杂色，远不如朱（红）正统，被人们视为一种惑人的邪恶色彩。这样看来，紫色的境况是不能胜任现在的“红得发紫”的比喻的，那么，“紫”是如何翻身，进而胜于“红”的呢？

原来，春秋时的齐桓公喜欢紫色服装，因为皇帝的独癖，紫色衣服甚至飞离了平民百姓家。又有文武百官的上行下效，紫色渐由不被重视的杂色变成高贵之色。

汉朝时，紫色又一度攀升，生活中高贵的东西常冠以“紫”字，如紫薇、紫檀、紫晶、紫貂等。

唐朝规定三品以上穿紫色，四品深红，五品浅红，六品深绿，七品浅绿，八品深青，九品浅青。“紫”晋升到“红”之上了。“红得发紫”是说已经快离开“朱（红）”这个层次，要升级到“紫”那一层级了。大诗人白居易曾有诗云：“有何功德纡金紫，若比同年是幸人。”他以此得意自己的“红得发紫”。白居易在官场混了几十年、致仕前终于当上了正三品的刑部尚书。

看来，“红”的极致程度非“紫”不可，所以“红”要到发“紫”才是好。

“失足”原来问题不大

新闻报纸上经常说，某某“失足”青年抢劫啊、放火啊、杀人啊，总之严重的犯错就是“失足”。而且刑满释放的犯人统称“失足者”。

“失足”是很严重的问题吗？就媒体上来看是挺严重的，都杀人放火了。但其实从该词的词源上讲，“失足”不是大问题。

谚语道：“人有失足，马有失蹄。”也作：“人有失手，马有失蹄。”意思是，人跟马一样，都有可能不小心跌倒，说明人不免有犯错误之时。不小心跌倒，就是一个无心的意外，即无关乎人性的好坏，“失足”只是人不可避免的过失。

《礼记·表记》说：“子言之：‘归乎！君子隐而显，不矜而庄，不厉而威，不言而信’。子曰：‘君子不失足于人，不失色于人，不失口于人。’是故君子貌足畏也，色足惮也，言足信也。《甫刑》曰：‘敬忌而罔有择言在躬’。”

译作白话是说，孔夫子说：“回去吧！君子引退而德行昭著，不骄矜而庄重，不疾声厉色而有威严，不说话就能取信于人。”“君子不在人面前丧失进退的节度，不在人面前丧失容色的严谨，不在人面前丧失说话的分寸。”因此，君子外貌足以使人敬畏，容色足以使人畏惧，言论足以使人相信。《甫刑》说：“一个人应该心怀敬戒而自己身上不要有可以挑剔的地方。”

这里看来“失足”只是个礼节问题，是君子在他人面前丧失了进退的节度。

“失足”只是个随时可改正的错误，与需要被“改造”的“犯罪”相隔甚远。其实所谓的“失足”，不过是青春的一种态度，一种可以容忍的青春期堕落。而且这种堕落是一种“软”堕落，只是行为上的冲动与放肆，思想上、精神上、心灵上不受其影响与左右。

但无论怎么说，已经有了“一失足成千古恨”的事实，词义的发展我们不得不接受了。

古代没人敢自称“我”

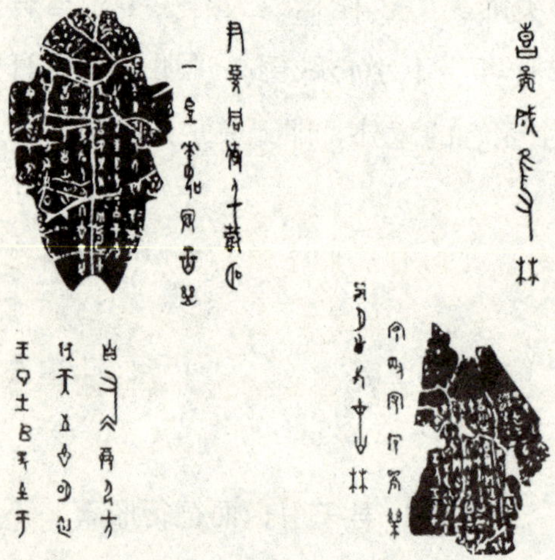

“我”就是自己的意思，怎么还不敢称了呢？

原来，“我”字曾是凶器。

中华汉字大体上均源于两种，一种是象形字，一种是会意字。“我”字是个会意字，它从“戈”形，字形就像兵器。“戈”是古代较为常见的一种兵器，横刃、装有长柄，是用青铜或铁制成的。这种武器盛行于商至战国时期，秦以后逐渐消失。

戈上突出的部分叫援，援上下皆是刃，用以横击和钩杀敌人。所以“我”的本义就是一种兵器，但这种兵器的具体形状已经很难说清楚了。后来，“我”由兵器名称引申出了“杀”的意思，《说文解字》就说：“我，古杀字。”“我”为凶器。

那么代表凶器的“我”，怎么又成了自己的代称呢？原来“戈”是古代有代表性的武器，很容易激起大家的斗志。所谓枕戈待旦，大丈夫当“能执干戈以卫社稷”（《礼记·檀弓下》）。因此武士们常取戈自持，凡持戈之人皆归属于己方，“我”便引申出表示自我的意思，并沿用至今。

另外，历史上还有段受于礼仪而不敢公开称呼自己为“我”的时期。

据考证，从晋时开始，各级官僚就不再用第一人称代词来指代自己了，他们称自己为“下官”来显示自己的谦卑。即使是在历史上以旷达著称的唐人，也不在相互交往时自称“我”，他们用略显青涩的“小生”自称。宋代则再进一步，此时的官僚自称“卑职”，普通百姓自称“晚生”。

随着历史的发展，“我”为普遍借用来作为第一人称代词使用。此后，“我”的主要功能就是现在的用法——指代自我。

悬“壶”如何济世

许多人也许不明白为什么一些中药店门前要挂一个葫芦，但是，提到“不知葫芦里卖的什么药”这句俗语，我们大家都可以肯定的是葫芦与药有关。

葫芦，古代称作“壶”，俗称葫芦瓜。孙中山先生在《革命原始》中自述：“卒业之后，悬壶于澳门、羊城两地。”文中所述的“悬壶于澳门、羊城两地”，即是指孙中山早年行医在澳门、羊城两地。

“悬壶”是对中医医者行医的雅称，行医自然可以济世。传说中的“八仙”之一铁拐李，就常背一个装有“灵丹妙药”的葫芦，周游江湖，治病救人。

说到这里，还有一段陈年趣话。

东汉时有个叫费长房的人，有一天，他在酒楼喝酒解闷，看到街上

有一个卖药的老翁，悬挂着一个药葫芦在竹杖上。天黑后，街上行人渐渐散去，老翁就钻入了葫芦中。此景被费长房看得真切，他断定这位壶翁绝非等闲之辈。

于是，他买了酒肉，恭恭敬敬地来拜见壶翁。壶翁知他来意后，便与他约定，第二日再来。等到费长房再来，壶翁领他一同钻入葫芦中。进入一看，只见琼楼玉宇，富丽堂皇，美酒菜肴多不胜数。后来，费长房随壶翁学道。

几年后，费长房艺满归来，他能医治百病，驱除瘟疫，还可令人起死回生。

自此，医生腰间挂的和诊所前悬的葫芦，便成了行医的标志。时至今日，仍有不少行医者悬葫芦在诊室当作行医的标志，这种做法更被众多药店、制药厂等沿用。

“沆瀣一气”是误传

“沆瀣一气”现比喻臭味相投的人勾结在一起。但曾经“沆瀣”是个高雅的词汇，“沆瀣一气”也是无意的错传。

“沆”读作hàng，意思是白色的霭气；“瀣”读作xiè，意思是夜间的水气。“沆瀣”合在一起即指夜间的水气、露水，传说是仙家的饮品。如《楚辞 · 远游》：“餐六气而饮沆瀣兮，漱正阳而含朝霞。”王逸释："沆瀣者，北方夜半气也。"

"沆瀣一气"源于两个人，崔沆、崔瀣。宋代钱易的《南部新书·戊集》述说了一个故事。

唐代有一个叫崔沆的人，十年苦读终于一朝及第，考中进士后在京城做官。

乾符二年（875年）崔沆主持进士科考试。有一个叫崔瀣的考生，文章做得非常好，崔沆爱不释手，遂录取了崔瀣。事情很巧，二人名字中的沆和瀣合在一起居然是一个固定词组——"沆瀣"，即是上面提到的夜间的水气的意思。由于二人一个是主考官，一个是考生，于是当时的人们把二人的名字和在一起，造了两句歌谣来打趣他们："座主门生，沆瀣一气。"这两句歌谣丝毫没有贬义，纯粹是灵机一动造出来的玩笑。

单以"沆瀣"，用来描述人际关系，则至少是中性词，而且多少有些褒义，意为"彼此契合，意气相投。"例如："约以有过相规，有善相辅，沆瀣诚相得也。"（清代郑观应《（盛世危言）序》）

一个玩笑造就了"沆瀣一气"，多番误传"沆瀣一气"成了贬义词。《现代汉语词典》《辞源》也都是解释"沆瀣一气"为："比喻臭味相投的人结合在一起。"

"每下愈况"被误用

当人们想表示事情越来越差时，就会用到"每下愈况"，当然也有用"每况愈下"的，这两个成语现今并存着，用来表示事情越来越糟的情况。

两个词语中最先出现的是"每下愈况"出自《庄子·知北游》：

“正获之问于监市履狶也，每下愈况。”意思是，正获（管理市场的官员）问监市（另一个管理市场的人）判断猪肥瘦的方法，监市回答说，“用脚踏猪以估量猪的肥瘦，越是踏在猪的下部就越是能看出猪的肥瘦情况。”为什么呢？因为猪的下部（如猪脚猪腿）都是最不容易肥的地方，如果这些地方都很肥了，那就足以判定猪的全身都很肥。“每下愈况”比喻越向下、越深入推求，就越能了解到真实情况。

这里有一个富有哲理的故事。

战国时有一个叫东郭子的人，听说庄子对“道”很有研究，就去向庄子请教。

东郭子向庄子请教说：“人们所说的‘道’，到底在什么地方呢？”

庄子说：“我讲的‘道’各处都有，无处不在。”

东郭子客气地说：“您跟我说说具体的地方。”

庄子不假思索道：“在蝼蚁之中。”

东郭子非常奇怪地问：“‘道’是很高尚的东西，怎么会存在于这么卑下的地方？”

庄子又说：“在稻田的稗草里。”

东郭子更为奇怪：“怎么越来越低下了？”

庄子又说：“在砖头瓦砾中。”

东郭子更为迷惑：“怎么愈加低下了呢？”

庄子又说：“‘道’在屎尿间。”

听到这里，东郭子心里很不高兴了，庄子说的“道”的存在越来越低下。

庄子后来向东郭子解释：“要满足您的要求，把‘道’的本质说明白，就得像在集市上检查猪的肥瘦一样，愈是猪的下部，愈能看出猪的肥瘦。因为猪腿的下部是最难长膘的，如果腿部也长满肉，其他部位当然更肥了。所以，我今天告诉您‘道’所在的地方，尽是卑贱的地方，这些地方都有‘道’，那么‘道’存在于其他的地方，也就不言自明了。”

“噢，原来是这样。”东郭子很佩服庄子的才学。

“每下愈况”的“每”指脚踏猪反复动作中的任何一次；“况”指因对比而更加明显。庄子以脚踏猪作比喻，说明“道是无所不在的，不要认为在事物的低下之处就不存在道；相反的越是低下之处可能道的存在还更明显。”

“每况愈下”是“每下愈况”之误，前者是由后者演变而来。“每况愈下”见于宋代文学家洪迈的《容斋续笔·蓍龟卜筮》：“人人自以为君平，家家自以为季主，每况愈下。”意思是说，人人都自以为是，家家都自以为贵，情况越来越糟糕了。

语言是在不断发展变化的。人们把“每下愈况”与“每况愈下”混用，“每下愈况”也改变了原义，用来形容事情越来越差。

“鸳鸯”曾指兄弟和睦

鸳鸯是一种鸟，鸳指雄鸟，鸯指雌鸟。在现实生活中，人们往往把这种鸟当成是夫妻恩爱的象征。民间传说雌雄鸳鸯一旦配对，终身相伴，它们不能落单，否则就会因相思而死。

在古代，鸳鸯最初不是用来比喻恩爱的夫妻，而是比喻情深义重、和睦友好的兄弟。

我国现存最早的诗文总集《昭明文选》（又称《文选》）中，题为《苏子卿诗四首》中的第一首有“骨肉缘枝叶，结交亦相因。四海皆兄弟，谁为行路人，况我连枝树，与子同一身。昔为鸳和鸯，今为参与辰。”的句子。由诗中“骨肉缘枝叶”“况我连枝树”等句看，这显然是一首兄弟间的赠别诗。大意是说，昔日我们就像是鸳鸯一样的好兄弟，现今却如同参星和商星，一个在西，一个在东，此出彼没，永远不能再相聚了。

曹植在给弟弟的诗《释思赋》中写道：“乐鸳鸯之同池，羡比翼之共林。”这里，曹植也用“鸳鸯”比喻兄弟。

晋人郑丰的《答陆士龙诗》四首，在题名为《鸳鸯》的序文中说“鸳鸯，美贤也。有贤者二人，双飞东岳，扬辉上京。”这里的鸳鸯比喻的是陆机、陆云这两兄弟。

用“鸳鸯”来比喻恩爱夫妻，开始于唐代。鸳鸯能成为夫妻恩爱的象征，源于唐代诗人卢照邻的《长安古意》一诗，诗句曰：“得成比目何辞死，愿作鸳鸯不羡仙。”就因为“愿作鸳鸯不羡仙”这一诗句太美妙了，文人雅士都纷纷竞相仿效，把鸳鸯比喻为夫妻。我国1980年版的《辞海》也引用唐人卢照邻的这句诗来解释鸳鸯是比喻夫妻的。

李白有：“七十紫鸳鸯，双双戏亭幽。”杜甫有“合昏尚知时，鸳鸯不独宿。”孟郊有“梧桐相持老，鸳鸯会双死。”杜牧有“尽日无云看微雨，鸳鸯相对浴红衣。”鸳鸯成为了中国人心目中永恒爱情的象征。

古代姑娘出嫁时所用的喜帕、喜被上都会绣上鸳鸯，喻指夫妻相亲相爱、白头偕老。后来“鸳鸯”一词衍生出了许多男欢女爱之意，譬如，“鸳侣”“鸳枕”“鸳梦重温”等等。

“新婚燕尔”弃妇的哭诉

现今，“新婚燕尔”这一词语泛指初婚新婚的男女，它是庆贺新婚之词，用于形容新婚时的甜蜜快乐。而且它还寄托着庆贺者愿新婚夫妇如燕子般比翼双飞的心愿。

但在古时，这个词却没一点高兴意味，相反的，它是弃妇的哭诉。

“新婚燕尔”以“宴尔新婚”的形式最早出现在《诗经·邶风·谷风》。《诗》曰：“习习谷风，以阴以雨。黾勉同心，不宜有怒。采葑采菲，无以下体。德音莫违，及尔同死。行道迟迟，中心有违。不远伊迩，薄送我畿。谁谓荼苦？其甘如荠。宴尔新昏，如兄如弟……宴尔新婚，不我屑矣……宴尔新婚，以我御穷……”这是一曲弃妇的怨歌，倾诉了弃妇被赶出家门的不幸命运，及弃妇对丈夫喜新厌旧的满腔愤懑。

弃妇和丈夫是一对农民夫妻，刚结婚的时候家里很穷，婚后通过两人的共同努力，家境慢慢好了起来。其中妻子付出了很大的努力，她勤恳能干，为人善良。但是没想到家境好了后，丈夫却变了心，以前“及尔同死”的海誓山盟全都抛到了脑后，看上了别的更美丽的女子。更可恶的是丈夫在娶新妻子的那一天把前妻赶出了家门，而且仅仅送到家门口就止步不前了。

弃妇一个人孤苦伶仃地离开家门，耳边传来家里正在举行的婚礼的喜庆之声，她不由得满怀怨恨。她怨愤地唱出“宴尔新婚，如兄如弟”，欢庆着你们的新婚，你俩亲密得就像兄弟一样；接着，她又发出了强烈的指控“宴尔新婚，不我屑矣”，你们尽管欢庆你们的新婚吧，但是不要诽谤我；最后是血泪的哭诉“宴尔新婚，以我御穷”，你们欢庆你们的新婚，却享用着我辛辛苦苦的积蓄，一点儿都不顾念以前的感情。

“宴尔新昏”的“宴”“昏”，在古汉语中都是通假字，“昏”通“婚”，“宴”则同“燕”。“宴尔”相当于“燕尔”“宴宴”是快乐安逸的意思。《诗经·邶风·谷风》中的“宴尔”指的是抛弃她另觅新欢再婚的丈夫与新夫人。其中“新婚”的本义，跟后来汉代的“上山采蘼芜，下山逢故夫。长跪问故夫，新人复何如？新人虽言好，未若故人姝。”以及杜甫《佳人》：“但见新人笑，那闻旧人哭。”中的“新人”相似，“新人”皆是弃妇旧夫的“新欢”。

因此，本义的“宴尔新婚”或曰“燕尔新婚”“新婚宴（燕）尔”，无疑是对男人“喜新厌旧”的一种形象化比拟，是弃妇血泪的指控。

直到宋代，这个成语的本义才开始发生变化。其意义已经反用，“燕”取代了“宴”，形成“新婚燕尔”，用来形容新婚的甜蜜。

“书香门第”因何香

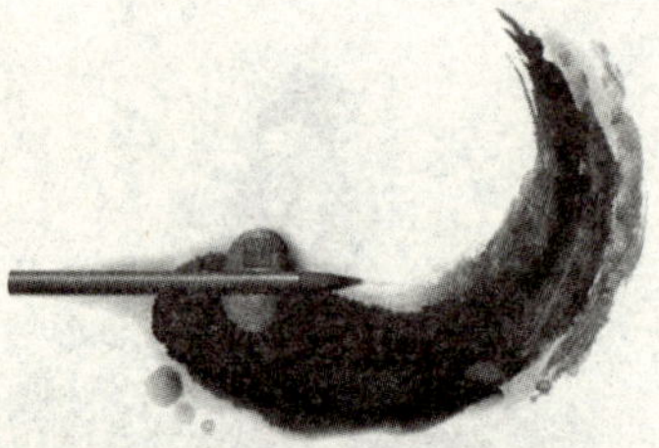

我们称旧时上辈有读书人的家庭，为“书香门第”。但对于何来的“香”，我们似乎都不能太准确的说出缘由。

世代读书的家庭自然书多，所以有人就以为“书香”的“香”指的是书的香。这样的理解也没错，但不够深入。书又因何“香”呢？难道白纸写上黑字就香了？当然有的墨迹是带香，但事实上多数的墨迹是臭的，少做不了多的主，因此“书香”的“香”不是墨香。

那么这“香”到底指的是什么香气呢？原来，古人为了防止书籍被蠹虫损坏，往往会在书籍里面夹上几片香草。这种香草叫芸，也叫芸草，是多年生草本植物。其花叶有特异的清香气，即使枯了香气也不会变淡，用它可以驱除蠹虫。古诗中有“芸叶熏香走蠹鱼”的诗句。所以“书香”的“香”指的是“芸香草”。

因为书中夹芸草的缘故，与“芸”字有关的词多与书籍有关。如用“芸编”指书籍，“芸帙”指书卷，用“芸阁”“芸馆”指代书斋，甚至国家藏书阁也命名为“芸署”，负责校勘书籍、订正讹误的校书郎雅称为“芸香吏”，唐代徐坚的《初学记》中说：“芸香辟纸鱼蠹，故藏书台亦称芸台。”这些都从芸香而来。

随着时间的推移，现代早已不见芸草了，即使防蠹虫，人们也多是使用樟脑丸、檀香片之类。书香情怀对于善于想象与怀旧的文人来说，恐怕更多的只是书卷里所蕴藏、积淀的一种说不尽的历史记忆与个人缅怀罢了。但无论怎样作为平常人的我们知道些是好事。

“泥”是条虫

“烂醉如泥”通常用来形容喝得大醉的人，然而“烂醉如泥”这个词语我们怎样解释呢？这里的“泥”是指什么？是我们潜意识中的“烂泥”“稀泥”吗？

“烂醉如泥”可溯源成“醉如泥”一词，后者出自南朝宋人范晔所撰的《后汉书·儒林传下·周泽》。

周泽是掌管宗庙礼仪的官员，他以身作则，常常斋戒后睡在斋宫里面，他的妻子怜惜他年老多病，便来探望他。令人意外的是周泽一见妻子，非但不感激妻子的慰问，反而大怒，以妻子触犯了斋戒期间禁令的罪名，将她下狱。

当时的人们非常同情周泽妻子的遭遇，便作了一首诗表达他们的同情：“生世不谐，作太常妻，一岁三百六十日，三百五十九日斋。一日不斋醉如泥。”意思是说，命不好啊，嫁给了太常周泽做妻子，一年有三百六十天，他有三百五十九天都在斋戒，剩下的一天虽然没有斋戒，但却喝得醉如泥一样。

那“泥”到底指的是什么呢？南宋作家吴曾在他的笔记《能改斋漫录·事实》中考证道：“南海有虫，无骨，名曰泥。在水中则活，失水则醉。”明人张岱也在他的笔记《夜航船》中，对“泥”做了说明：“南海有虫，无骨，名曰泥。在水中则活，失水则醉，如一堆泥。”原来“泥”是一种虫子。

“泥”这种怪虫只在水中才能清醒，一离开水就像酩酊大醉的醉汉一样，所以人们就用“醉如泥”一词来形容一个人醉酒后的样子。后来，人们为了形容一个人醉的程度极深，又在“醉如泥”一词前添加了“烂”字，遂使其演变成了成语“烂醉如泥”。

“泥”这种虫子像很多奇特动物一样，它已经不复存在了，但“烂醉如泥”的“泥”源于它这点任何时候都不会改变。

“梅开二度”很冤

“梅开二度”这一成语是一个赞美用语，它象征美好和幸福。意思是指同一件事成功地做到两次，这一成语常见在足球比赛上，意指在足球比赛中一名球员在一场赛事中进两球。但因为这个成语被滥用得乌烟瘴气，现在已经很少在雅致场合中使用了。“梅开二度”被用成说男女欢爱的隐语，实在是冤枉了。

“梅开二度”这个词语来自戏曲《二度梅》，它的背后有一段感人的故事。

唐朝时期，主人公梅良玉的父亲被奸

臣陷害，他侥幸被人救出，并被送到其父好友陈日升家中寄居。陈家有片梅园，在梅良玉来之前，正直花期时，梅花却全都凋落了。陈日升的女儿名唤杏元，面对此景，杏元大惑不解。在梅良玉来到陈家后，陈杏元将梅花自败应在了他的身上。因此对他萌生难以名状的感情，相处下来，他们互生爱意。

谁知好景不长，他们尚未成婚，陈杏元却因其姿色被选去和番。陈杏元与梅良玉在丛台垂泪相别。陈杏元泪别梅良玉后，一步一回头，悲悲切切地走在去番邦的路上。途经一处悬崖断壁，痛不欲生的陈杏元义无反顾地选择跳崖寻死，然而她却突然得救了。救她的是一缕阴魂，传说是前朝因和番忧郁而死的王昭君。那阴魂背起陈杏元直送中原陈家，最终让她与梅良玉又成好事，喜结良缘。

这件事，感动了陈家梅园中的梅树。就在梅陈完婚之日，那梅花又二度重开，且花朵满枝，艳丽无比，馨香四溢。

如此可见，“梅开二度”原本表达的意思是好事再现，而且是一个以有些悲凉且感人的传奇故事作为背景的好词，它没有不健康的义项，更没有“男女再度欢好”的意思。

“竹杠”岂可随便“敲”

在日常生活中，人们常把那些凭着恶势力、用别人的弱点或寻找借口向别人敲诈钱财的行为叫“敲竹杠”。关于“敲竹杠”一词有很多说法，但这么多说法的一个共同点就是不随便“敲竹杠”。

一种说法是：“敲竹杠”一词来源于清朝末年，当时，帝国主义商船纷纷向中国输入鸦片，毒害中国人的健康，牟取暴利。清政府虽然对此类行为进行了严厉的整顿，但也不乏投机取巧的贩卖之人，他们冒着

被抓进监狱的危险继续从事着贩卖烟土的生意。有一个商人在毛竹刚生长时，剖开嫩竹，把准备好的烟土藏进去，等到毛竹长大后，便将毛竹做成竹杠、船篙等类似的东西。他往来贩卖烟土，竟一点儿也没有露出痕迹。

一次，官船截住了他的商船，一个官员抽着烟袋锅走上了船，监督手下人搜查。监督的过程中，官员随意地用烟袋敲了几下竹杠，可这举动却吓坏了走私商人。走私商人以为官员发现了秘密，于是马上对他行贿。那位官员其实什么也没有发现，但是他见钱眼开，没有进一步追问，放走了走私船。这个官员无意“敲竹杠”，却敲出了钱。

另一种说法是：四川山区，山路崎岖，很不好走。有钱人进山烧香时会乘坐一种用竹竿做的滑竿，滑竿由人抬着。走到半山腰时，抬滑竿的人就敲起滑杠，暗示要加工钱，否则就不抬人，乘坐滑竿的只好乖乖地加钱。这里“敲竹杠”是借口向别人要钱。

还有一种说法是：清代末年，市场上的小额买卖，以铜钱作为单位。店家接钱后便丢在用竹杠做的钱筒里，晚上结账时倒出来，称为“盘钱”。当地的地痞流氓常去店铺勒索钱财，去时不用开口，只是恶狠狠地敲打竹钱筒，店主就会明白来意，慌忙掏出钱来。

另外有些黑店铺，一见陌生顾客进门，往往随意提价。每当伙计在接待顾客时，店主就敲竹杠一下，示意提价。这里“敲竹杠”是凭着恶势力、用别人的弱点来索要钱财。

这三种“敲竹杠”都有一定的道理，也都有其传说的因缘，这里我们全部承认。“敲竹杠”一词在民间流传开来，其意义也在人们的“活用”之中得到了引申。

“阿堵物”是何物

“阿堵物”就是钱，可为什么称钱是“阿堵物”呢？

这要先从一个人讲起，他是西晋的王衍。

王衍，字夷甫，琅琊临沂人，西晋大臣，名士。王衍是当时士大夫阶层中清高得无以复加的代表。他一向对钱十分不齿，视之为俗不可耐的东西。无论在怎样的场合，如何避无可避，都绝口不提一个钱字。

而与之相对的，他的妻子郭氏却贪揽巨财，弄得家里堆金如山。

有一天晚上，妻子郭氏趁王衍熟睡之际，叫丫鬟用钱把他的睡榻团团围住。心想他要起床，必然会唤人把钱搬走，不然他就下不了床，那就一定能逼得他说出“钱”字来。

不料，第二天早上王衍醒来后，口里仍不说“钱”字，却唤丫鬟道：“举却阿堵物”。

实际上，这个“阿堵物”，只是王衍在急切中随意找的代名词而已，跟“这个东西”没什么区别。

“阿堵”一词是六朝和唐时的常用语，相当于现代汉语的“关键处”。《世说·巧艺》有载：东晋时著名画家顾恺之画人像，有时画了几年都不点眼睛。别人问他为什么，他指着眼睛回答道：“四体妍媸，本无关于妙处，传神为照，正在阿堵中。”说的是，四肢的美丑，是无关紧要的，画像要想传神，关键就在眼睛里头。

两个毫无关联的词，经王衍

随口一说，钱就成“阿堵物”了。

旧时人们以“口不言钱”，作为清高廉洁的表现。口不出“钱”字，是一种态度，一种极端清高的态度，而有了这种态度便认成是一种境界的超然。清高之士视钱为粪土，不屑于提它，可谁又说真正的雅士不能沾钱呢，人都要穿衣吃饭，是需要五谷杂粮的，这俗可是人赖以生存的根本。

现在人们仍会用“阿堵物”这一词语，或调侃、或赞扬、或嘲讽。然而无论怎么样，“阿堵物”成了钱的又一个别称。

“凤凰”因何栖“梧桐”

凤凰为什么非梧桐不栖？梧桐凤凰又有怎样的传说？

凤凰，是古代传说中的百鸟之王，雄为凤，雌为凰，是人们普遍崇拜的象征祥瑞的神鸟。《大戴礼·易木命》曰：“有羽之虫三百六，凤凰之为长。”《山海经·西次三经》中记载：“有鸟焉，其状如鸡，五采而文，名曰凤凰。首文曰德，翼文曰义，背文曰礼，膺文曰仁，腹文曰信……荐则天下宁。”由此可见凤凰的非同一般。

梧桐是桐树的一种，高大挺拔，传说它不仅刀剑难伤，水火难毁，生长万年也不枯萎。梧桐宜制琴。如王充在其《论衡》中说：“神家皇帝削梧为琴。”《齐民要术》有说：“梧桐山石间生者，为乐器则鸣。”梧桐被视为“灵树”，具有应验时事之能。《礼丰威仪》说：“其政平，梧桐为常生。”《瑞应图》说：“王者任用贤良，则梧桐生于东厢。”相反有“梧桐不生，则九州异主。”之说。

由上面来看，凤凰选梧桐栖是方以类聚。凤凰集合着德、义、礼、仁、信等美德，梧桐则具有自身的修直俊美及独特灵性。《诗经·大雅·卷阿》云："凤凰鸣矣，于彼高冈。梧桐生矣，于彼朝阳。"《庄子·秋水》中道："夫鹓发于南海，而飞于北海，非梧桐不止，非练实不食，非醴泉不饮。"

凤凰栖梧桐是种愿望。《三国演义》第三十七回里写道："凤翱翔于千仞兮，非梧不栖；士伏处于一方兮，非主不依。"意思是说，凤凰哪怕飞翔千里，只要不见梧桐就不会停下歇息，有才识之人不找到真正的伯乐，宁可在一个地方终老。

关于梧桐和凤凰，还有一个感人的传说。

梧桐和凤凰分别是身份悬殊的男孩和女孩的名字。男孩叫梧桐以放牧为生，和母亲相依为命，清贫的日子年复一年。女孩叫凤凰，是财主家的女儿，貌若天仙，聪明伶俐。

在一次偷偷的外出中，凤凰因迷失掉入悬崖，被途经的梧桐发现 。梧桐母子细心地照料凤凰。梧桐一边放牧，一边为她采药；梧桐的母亲则一边做饭，一边为她煎药疗伤。母子二人的勤劳和善良，使凤凰姑娘很感动。

凤凰姑娘的伤很快痊愈了，梧桐赶着牛送她回家。临别时，凤凰姑娘望着梧桐深情地说："受滴水之恩，当涌泉相报。"

凤凰回家后，一直不忘梧桐母子的大恩大德，思念之情与日剧深。于是，凤凰瞒着父亲上山与梧桐见面，并给梧桐带去食品和衣物，两个人的感情也日渐加深。

谁知凤凰上山与梧桐见面的事情被凤凰的父亲知道了，凤凰不仅挨了一顿毒打，而且被更加严紧地看管起来。几经周折梧桐知道了凤凰的遭遇，他深深自责，认为是自己害苦了凤凰，发誓不再连累她，把爱意压在心底，永远不再与凤凰见面。

梧桐虽然发誓不再与凤凰见面，但他仍然每天赶着牛来到与凤凰见面的地方。

有一天，凤凰冲破重重阻力飞奔上山，朝着会面的地方飘然而来。梧桐初见很高兴，很想张开怀抱迎上去，然而他想到自己与凤凰姑娘门不当、户不对，是不会有好结果的，再不能连累凤凰姑娘了，于是他转身向远处逃去。然而他的逃走方向前方是万丈断崖，他已无路可退。眼看凤凰就要到身边，于是他紧闭双眼，纵身跳下悬崖，以身殉情。

凤凰望着梧桐舍身跳下悬崖，悲痛欲绝，泪如泉涌。后来，她的身体化作了一座山峰，矗立在梧桐跳下的悬崖边。

现在人们在招贤纳士时，往往会说："栽下梧桐树，引来金凤凰。"这句话就来源于上面的传说。无论从哪方面讲凤凰都是选梧桐倚的，而且也只有梧桐才配凤凰。

何来"东道主"

如今，"东道主"一词用得很广泛。比如，运动会主办国或者主办城市，就称为"东道主"；举办各种会议，主办方也被称作"东道主"。"东道主"经常被我们挂在嘴边，因此我们就更应该知道知道它的来历。

"东道主"一词最初见于《左传·僖公三十年》："若舍郑以为东道主，行李之往来，共其乏困，君亦无所害。"意思是，如果您放弃攻打郑国，让它存在，秦国在西，郑国在东，让郑国做秦国东边道上的主人，秦国的外交人员经过郑国，郑国可以供给他们所缺少的粮食，您也没有什么害处。

《左传·僖公三十年》详细描述了这样一场战争。

春秋时期，晋文公利用秦穆公急于向东方扩张称霸的心理，借用秦国的兵力，联合围攻郑国。郑大夫烛之武受命于危难之际。深夜，烛之武缚了一根绳子，从城墙上坠了下去，来到秦军的大营面见秦穆公。

晋国和秦国之间常常明争暗斗。烛之武就利用他们的矛盾对秦穆公说：“今天，郑国肯定要亡国了，如果郑国灭亡了对贵国有好处的话，您大老远地跑这一趟也值得。但是你要知道，从地理位置上讲，秦国和郑国之间隔着一个晋国，贵国要越过晋国来控制郑国的土地，恐怕是很难做到的。到头来得好处的是晋国，您何必灭掉郑国而让晋国得到实惠呢？晋国的实力增加一分，就是秦国的实力削弱一分啊！”

秦穆公觉得此言有理。

烛之武进一步说：“要是您把郑国留下来，让它作为你们东方道路上的主人，你们的使者往来郑国，如果缺什么，郑国一定供应，这有什么不好呢？

再说，晋国国君是一个什么样的人，难道您还不清楚吗？您曾经有恩于他，他当时许诺把焦、瑕两地割让给您，可是早上刚刚渡过黄河，立马就在那里筑城防御。晋国贪得无厌，向东占据了郑国后，势必向西扩张，如果向西不侵占秦地，它从何处得到疆土呢？晋国之强是秦国之害，请您好好考虑吧！”

秦穆公最终被烛之武说服了，不但跟郑国签订了和约，还派了部分秦军守护郑国。晋文公无可奈何，也不得不退兵了，郑国的一场危机就这样得到了化解。

“东道主”一词由此流传了下来。

后来，“东道主”一词泛指招待迎接客人的主人，请客为做东。到了现代，“东道主”一词开始被通用于国际交往中，特别是如上所述的国际体育赛事中。

“劳燕”本就“分飞”

夫妻别离叫“劳燕分飞”，亲人天各一方叫“劳燕分飞”，不管怎么样“劳燕分飞”含着很多的不得已和惋惜。

有人认为“劳”是辛劳的意思，“分”是纷纷的意思，整个成语就是辛劳的燕子纷纷飞走。有这样的误解是因为人们太不了解这个成语了。

《汉语大词典》对“劳燕分飞”这一词条的解释为：“《乐府诗集·杂曲歌辞八·东飞伯劳歌》：‘东飞伯劳西飞燕，黄姑织女时相见。’后以劳燕分飞比喻别离。劳，伯劳，鸟名。”

“劳燕”分指伯劳和燕子两种鸟类。《汉语成语词典》中明确列出：“‘劳’不能解作‘劳苦’。”“劳”是伯劳的简称，和“辛劳”无关。

“劳”和“燕”分别朝不同的方向飞去，因此，它们的姿势是“分飞”而不是“纷飞”。王实甫的《西厢记》中就有说：“他曲未通，我意已通，分明伯劳飞燕各西东。”

伯劳和燕子相遇后，他们相互完成了身份的指认，或往东或往西，呈现了天空中分别的姿态。伯劳东去，燕子西行，它们或是匆匆，或是急急，瞬息的相遇改变不了它们飞行的姿态，有不得已，有惋惜。因此，相遇总是匆匆，离别总是太急。分飞的伯劳和燕子共同构成了感伤的别离。

“劳”“燕”本就“分飞”惯于也好，无奈也好。

何为“五毒”

“五毒”的指代众说纷纭，它在各行各业中都有其不同的指代对象。

民间传说中的“五毒”是指五种动物，它们分别是青蛇、蜈蚣、蝎子、壁虎和蟾蜍。其实，合称这五种动物为“五毒”是古人的一种误解，列于其中的壁虎本身并没有毒，却被认为是剧毒物。这样的误会在古代很常见，就像鹤顶红本来是无毒的东西，却被认成含剧毒。

民间是非常讨厌这五种动物的，他们使用各种方法预防五毒之害。最具代表性的做法是，“在屋中贴五毒图，以红纸印画五种毒物，再用五根针刺于五毒之上，即认为毒物被刺死，再不能横行了。”

中医上有以毒攻毒的应用。《周礼·天官》中说：“凡疗伤，以五毒攻之。”石胆、丹砂、雄黄、磁石和矾石是五种主治外伤的药，古人将它们一起放入沙锅或瓷锅，连续加热三天三夜，中间加几次水防止干烧。三天后，取出矿石。药水烧干后会留下铁锈状的剧毒药粉，即是“五毒粉”。五毒不毒，五毒齐聚才毒，中医用于以毒攻毒，治疗部分严重感染。

佛教中把贪、嗔、痴、爱、恶，这五种情绪称为“五毒”。认为这五种情绪是众生之“障”，一旦勘破，便能更容易地修成正果。另有一种说法，佛门把贪、嗔、痴、慢、疑叫做“五毒心”。因为有了它们的存在，修行人的本心本觉将会被遮蔽，就不可能明心见性了。

五种酷刑中的鞭、捶、灼、徽、纆，也被人们称为“五毒”。

骗、赌、帮、烟、娼为现在社会上的“五毒”。

皇帝因何选中“九五之尊”

在众多数字里为什么人们偏选中了“九”“五”，称呼皇帝为“九五至尊”呢?

“九五”乃是《易经》中的卦爻位名。

《易》六十四卦的首卦为乾卦，乾象征天，刚健中正，是可以代表帝王的卦象。乾卦由六条阳爻组成，是极阳、极盛之相。从下向上数，第五爻称为“九五”，九代表此爻为阳爻，五是第五爻的意思。“九五”是乾卦中最好的爻，乾卦又是六十四卦的第一卦，因此“九五”也就是六十四卦三百八十四爻的第一爻了，它适用于帝王之相。

《易·乾》有“九五，飞龙在天，利见大人。”之说。

“龙”是我国古代最受崇敬的神物。龙能三栖，具有变化莫测、隐现无常的性格，所以它可象征具有天的无穷潜能与贤能的有作为的伟大人物。这里说“飞龙在天，利见大人”，就是说龙得到天时地利，飞腾在天，具有无限的活动空间，它在天上可普降甘雨，象征着伟大人物的恩泽普及万民。

“九五”“飞龙在天”等语很适合古代帝王的形象，因此，“九五”就成了帝王的代表，再加上帝王的至尊地位就组成了代指帝王的词语——“九五至尊”。

关于为何称呼皇帝为“九五之尊”，还有一种简单的说法。

中国古代把数字分为阳数和阴数，奇数为阳数，偶数为阴。阳数中“九”为最高，“五”居正中，“九五”含有“至尊中正”的意思。因而以“九五”象征帝王的权威，称之为“九五之尊”。

然而，无论当初选中“九五”为哪说，现在的“九五”已然有着至高无上的象征意义。

如何“平天下”

《礼记·大学》中说：“物格而后知至，知至而后意诚，意诚而后心正，心正而后身修，身修而后家齐，家齐而后国治，国治而后天下平。”在古代，这句历史名言是写给仕大夫（贵族）甚至是君主的，用来激励人生、成就人生的追求境界。

“修身”是使自己具备足够的才华和美德，“齐家”是说去治理好自己的庄园，“治国”是辅佐君主（或者是君主本人）治理好国家。那“平天下”是怎样的一个“平”法呢？有人认为“平天下”即是平定天下，用赫赫武力荡平狼烟，靠威武之师扫平敌寇……总之，“平”是要武力来平定的，是要在沙场上逐雄的。但这是误解，是对儒家传统思想的扭曲。

“平天下”是儒家传统思想中知识分子尊崇的最高信条。《礼记·乐记中说》：“魏文侯问于子夏曰：‘吾端冕而听古乐，则唯恐卧。听郑卫之音，则不知倦。敢问古乐之如彼何也？新乐之如此何也？’子夏对曰：‘……君子于是语，于是道古，修身及家，平均天下。’”这里“平”是无上下之偏，这里的“均”是无远近之异。上下各安其分，华夏与四夷一视同仁，即平均天下。这才是儒家中庸理想的最佳体现。

我们来看《大学》中提到的人生真正成功经历的八道工序：格物、致知、诚意、正心、修身、齐家、治国、平天下。自我修养完善了，然后家庭整顿有序；家庭整顿好了，然后国家安定繁荣；国家安定繁荣了，然后天下平均。以自我完善为基础，通过治理家庭，直到平均天下。这个过程更像我们在努力实现共产主义的过程，是个逐步实现、逐步完善的过程，也是一个推知有理的过程。

“平天下”作为人生的最终理想排在了最后，它规定着前七道程序的走向。因此，对于“平天下”的理解不能有任何偏差。当“平天下”之“平”被错误理解成“荡平”“扫平”之时，这种直接诉求于“武功”的“平天下”理想，必然要求前七道工序能与之匹配，从格物开始，整个走向需要全部调整，以满足最后靠武功“平天下”的目的。这样的理解，最终必将彻底颠覆儒家的理想。

“修身、齐家、治国、平天下”今天的我们仍不妨拿来作为激励，传统的儒家人均思想是我们应该传承的宝贵财富。

“墨”守成规是何故

为什么“成规”要“墨”来守呢？“墨守成规”这一成语背后有怎样的典故？

“墨守成规”一语出自明人黄宗羲《钱退山诗文序》：“如钟嵘之

《诗品》，辨体明宗，固未尝墨守一家以为准的也。”原来在中国历史上，最善“守”者非墨家莫属。

我国古典文献《墨子》《吕氏春秋》《淮南子》等典籍都记载有墨子“止楚攻宋”的故事。

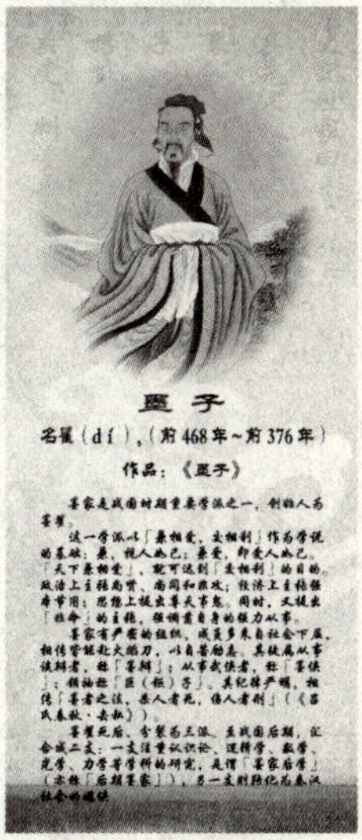

鲁班为楚国制造了专门用来攻城的云梯，并且准备用来攻打宋国。主张兼爱与非攻的墨子听说此事之后，昼夜兼程，赶到楚国的都城郢都去劝阻这场战争。他先去见了鲁班，但游说不成。墨子就要求鲁班带他去见楚惠王，鲁班答应了。

墨子起先诚恳地游说，但楚惠王深信用云梯攻城很有把握。于是墨子放言：“你能攻，我能守，你也占不了便宜。”墨子当下就和鲁班进行了一场攻守演习。

鲁班用一种方法攻城，墨子就用一种方法守城。一个用云梯攻城，一个就用火烧云梯；一个用车撞城门，一个就用滚木擂石砸撞车；一个用地道，一个就用烟熏。鲁班用了九套攻法，把攻城的方法都使完了，可是墨子还有好些守城的高招没有使出来。

鲁班愣住了，但是心里不服气，说：“我想出了办法来对付你，不过现在不说。”

墨子微微一笑说：“我知道你想怎样来对付我，不过我也不说。”

楚惠王听两人说话像打哑谜一样，被弄得莫名其妙，问墨子说：“你们究竟在说什么？”

墨子说：“鲁班的意思很清楚，不过是想把我杀掉，以为杀了我，宋国就没有人帮助他们守城了。其实他打错了主意。我来到楚国之前，早已派了禽滑厘等三百个徒弟守住宋城，他们每一个人都学会了我的守城办法。即使把我杀了，楚国也是占不到便宜的。”

楚惠王听了墨子的这番话，又亲眼看到墨子守城的本领，知道要打败宋国没有希望，只好说：“先生的话说得对，我决定不攻打宋国了。”

最终，宋国被墨子守住了。

在诸子百家之中，墨家是内部等级和制度最为森严的一家，“墨者必须绝对服从之”，即是“成规”。墨法规定，组织成员入仕的惟一目的就是推行墨家的政治主张，如果无法推行，就要辞官。做了官的墨家弟子，所得俸禄必须向团体奉献……对于这些规定，墨家弟子不能有任何的发挥和逾越，否则就会被清除出门。因此“墨子服役者百八十人，皆可使赴火蹈刃死不旋踵。”此乃“成规”的威力，也可见“守”者的坚固。

“墨守”和“成规”是当时人们对墨家两大特点的形象概括，后来组合成了一个带有某些贬义的词——墨守成规。

蛛丝马迹“马”为何

“就不能找到一丁点的蛛丝马迹吗？”这话出自一位大侦探之口，话语中，我们能够看出，他的要求已经降到了最低，蜘蛛丝、马迹这微乎其微的线索，也被强烈的需要。甚至我们还能联想到，侦探苦苦寻觅的样子。

是的，“蛛丝”是很微小，可“马迹”能说是微乎其微吗？想想一匹马走过，那它经过的脚印还用细找吗？

现代汉语词典里解释“蛛丝马迹”道：“比喻与事情根源有联系的不明显线索。”这样的解释是符合“蛛丝”的，那“马迹”呢？能是我们平常见的马吗？

显然，成语中的“马”说成马的话上面

两个解释都不能成立，“蛛丝”和“马迹”是不能并列起来的。那么，就不是我们熟悉的马了，那“马”为何呢?

清人王家贲《别雅序》说：“大开通同转假之门，泛滥浩博，几凝天下无字不可通用，而实则蛛丝马迹，原原本本，具在古书。”那是要去古书里找答案了。

清人夏敬渠《野叟曝言》七十九回道：“蛛丝虫迹，屋漏蝙涎，不即不离，有意无意，其妙如何。”怎么是“蛛丝‘虫’迹”？难道“马”等同于“虫”？

原来在农村土厨房里生活着一种“马”，它叫灶马，是种昆虫。唐人段成式《酉阳杂俎》虫篇说：“灶马，状如促织，稍大，脚长，好穴于灶侧。俗言，灶有马，足食之兆。”如此，“灶马”又可简称为“马”。灶马爬过的地方会留下很不明显的痕迹，此种细微的痕迹，为“马迹”。“蛛丝马迹”的“马”是灶马的马。

蜘蛛常在厨房顶上结下很多蜘蛛网；而灶马的活动，会留下一条条细小的痕迹。两者经常出现，但都不引人注意。

从挂下来的蜘蛛丝可以找到蜘蛛的所在，从灶马爬过留下的痕迹可以查出灶马的去向，即为“蛛丝马迹”。

古今话“中国”

我们称自己是中国人，但在很远很远的古代，“中国”并不指现在的中华人民共和国。

“中国”一词在古代文献里出现很早，但含义却很不一样。

文献中记载“中国”一词有五种不同含义：

一、指京师，即首都。毛传解释道：“中国，京师也。”

二、指天子直接统治的王国。《诗经·大雅·民劳》："惠此中国，以绥四方。"意思是说先爱护京都的百姓，再安抚四方百姓。这里的"中国"指的是帝王所在的国都。汉末学者刘熙也说："帝王所都为中，故曰中国。"

三、指中原地区。上古时代将我国划分为三大部分，长江以南称南国，中原地区称中国，中原地区以北称北国。如《列子·汤问》："南国之人祝发而裸，北国之人鞨巾而裘。中国之人冠冕而裳。"

四、指国内、内地。如《谷梁·昭公三十传》中记载："'中国不存公'，即季孙不让鲁昭公在国内存身。注释云：中国，犹国中也。"就是到了清代，也还有以内地作"中国"的。清末人们常把内地十八省叫做"中国"，与边陲相对称。

五、指诸夏（华夏）或汉族居住的地区和建立的国家。《史记·楚世家》记载："熊渠曰：'我蛮夷也，不与中国之号谥。'"为什么这么说呢？这源于华夏族与汉族多在黄河南北建都，以此为天下之中，又以此不断扩张，因而黄河中下游一带先后就有了中国、中土、中华、中州、中厦、中原等称谓。其他地方则称为四方。"中国"自上古（不晚于周朝建国时期）就是华夏国家总体的代称。

"中国"经过多番演变，直到辛亥革命以后，才把"中国"作为"中华民国"的简称。1949年，"中国"作为"中华人民共和国"的简称。

古代"姓""氏"两回事儿

今天我们说到"姓"和"氏"，大家都觉得是一回事，"姓氏"指的就是姓。确实，很久以来，我们一直这样用着。但是，在古代"姓"

和“氏”之间却有着较大的差异。

最古老的姓大约产生于原始社会的母系氏族公社时期。姓代表有共同血缘关系种族的称号，形成以后非常稳定。

氏则是由姓衍生的分支。进入父系氏族社会后，由于人口的繁衍，原来的部落又分出若干新的部落，这些部落为了互相区别以表示自己的特异性，就为自己的子部落单独起一个本部落共享的代号，这便是最早出现的“氏”。

《左传·隐公八年》中有一段话，清楚地说明了“氏”的衍生过程：“天子建德，因生以赐姓，胙之土而命之氏。诸侯以字为谥，因以为族；官有世功，则有官族；邑亦如之。”

“氏”随着出现的各种历史条件的影响不断的变更。到了周朝，“氏”大量集中出现。周朝初年，为了控制被征服的广大地区，天子大规模地分封诸侯。而这些诸侯国的后人即以封国名为“氏”。另外，各诸侯国又以同样的方式对国内的卿大夫进行分封，大夫的后人又以受封地的名称为“氏”。

以后，各种形式的“氏”又不断出现，并且“氏”的数量远远超过了“姓”的数量。但是只有贵族才有“氏”，贫贱者有名无“氏”，“氏”成为贵族独有的标志。

由上可见，“姓”和“氏”中反映着至关重要的信息，因此在古代“姓”和“氏”是被严格地加以区别的。

“姓”“氏”合一，出现在秦汉以后，但还是以“姓”为主。随着封建宗法制度的崩溃，氏族贵族日趋瓦解，一个具体表现就是战国时期姓氏制度发生混乱。

秦的统一，基本结束了西周封建宗法制度，旧的氏族及姓氏制度也被清除殆尽，“姓”和“氏”开始合二为一。

“黎民”曾经不是百姓

如今，人们常将“黎民”“百姓”放在一起说，在现代汉语词汇中，“黎民”也被释做“百姓”。可是在古代，这两个词语却不是一个意思，“百姓”与“黎民”两个词本身各包含了许多的传说和历史文化。

“黎民”在早期是黎族俘虏和奴隶的意思。据《山海经》记载，四千多年前，在黄河流域，黄帝和炎帝部落结成联盟，打败了蚩尤率领的从南方进犯的九黎族，并俘虏了九黎族的人做奴隶，由于他们都是从九黎族来的，故而黄、炎部落的人就称他们为“黎民”。“黎民”又称“黎首”，指受过黥刑的犯人。

炎帝和黄帝的联盟消灭了蚩尤后，他们间又开始争逐，结果黄帝得胜。之后，住在东方的夷族太皞也归顺了炎黄部落，三个大族开始合为一体。当时，许多部落都由氏族组成。合并后的炎黄部落约有一百个氏族，每个氏族又各有自己的姓氏。因而属于炎黄部落的氏族就被称作“百姓”。此时，“百姓”是主人，“黎民”是奴隶。

西周奴隶制时期，“百姓”成为贵族的通称。这时的“黎民”（也称庶民）包括自由民、农奴、奴隶，与“百姓”形成了互相对立的两大阶级。

到了春秋末期，随着宗族世袭制的破坏，土地私有制的出现，“百姓”的地位逐渐降低，他们中的大部分人最后也降到“黎民”的行列中来。秦始皇统一六国之后，把天下的百姓改称“黔首”，“黔首”紧承“黎民”和“黎首”。此时，“百姓”的地位等于偏低于“黎民”。

现在“百姓”与“黎民”在词意上已无区别。其实，这也象征着中国五千年灿烂文化的发展历程，经历沧桑变化后，消除了等级观念。在今天构建和谐社会的口号的指引下，“百姓”和“黎民”不分贵贱地创造着共同的美好家园。

东西何故称“东西”

我们称商品物质为“东西”，那为什么称呼“东西”，而不是“南北”呢？

关于“东西”这一词的由来，还有一段故事。

相传，宋朝时期，有一位理学家名叫朱熹，他为人好学多问，喜欢钻“牛角尖”。在朱熹未出仕前，一天，他偶然遇见了好友盛温和，此人也精通天文地理。

朱熹笑问盛温和：“你提着竹篮子干什么去呀？”盛温和见是朱熹，一心想和他开个玩笑，便说：“去街上买‘东西’。”当时还没有“东西”这一说法。朱熹不解地问：“买‘东西’？是什么意思啊？能买‘南北’吗？”盛温和听了笑着说道：“你呀，真是聪明一世，糊涂一时。我问你，与金木水火土相配，统称为五方的是什么？”

朱熹细想，自言自语地说：“金木水火土，东西南北中，东方属木，西方属金，金木之类的物品有固定形态，篮子里都能容纳得下；而南方属火，北方属水，这水火类放进篮子就不对了，篮子是盛不了水和火的。”说罢朱熹高兴地指着盛温和的脑袋说：“哎呀，原来你的脑瓜子是转弯的！”两个人都哈哈大笑起来。

后来，这个故事在民间广泛流传，久而久之，“东西”逐渐被作为商品物质的代名词。

清代王有光说：“问人何物，曰‘恁东西’。东属木，西属金，皆有质之物。物，不外‘五行’，南方火，北方水，不待问而可知矣。故不曰‘南北’，而曰‘东西’。”

关于“东西”和“南北”两个词语，乾隆年间，出过一副很有名的对联，上联为：“南通州，北通州，南北通州通南北。”下联道：“东当铺，西当铺，东西当铺当东西。”

现在，我们常说“买东西”，不用具体的指代，它已经泛指了买的任何物品，“东西”是一切物件的代称。

因何“乱七八糟”

“乱七八糟”是一个很常见的成语，形容毫无秩序及条理，说的是一副乱糟糟的样子。

但是，你知道这个词是怎么出现的吗？说起来，“乱七八糟”源于我国历史上的两个大事件，“七国之乱”和“八王之乱”。

西汉初年，刘邦为了巩固皇权，在铲除异姓诸侯王的同时，又不顾一切地分封同宗诸侯。但却造成了适得其反的结果。随着诸侯王的势力不断扩大，形成了尾大不掉的局面。

到汉景帝时，诸王势力严重地威胁着汉王朝的中央政权，其中齐、楚、吴三封国几乎占了天下之半。于是景帝采取了夫晁的“削藩”政策。

在削夺了赵、胶西、楚三王封地之后，正在削吴时，引发了诸侯王的恐惧。他们便采取了联合的态度一致对抗中央。吴王濞联合楚王刘戍，赵王刘遂，胶西王刘印，胶东王刘雄，淄川王刘贤，济南王刘僻光以“诛晁错，清君侧”为名，发动叛乱。这就是历史上“七国之乱”。

“八遭”来源于晋朝皇室内部争权夺利的“八王之乱”。西晋初年，晋武帝司马炎大封皇室子弟为诸侯王。晋武帝驾崩之后，继位的惠帝昏庸无能，司马炎之妻贾后与辅政的外戚杨骏争权。

水平元年（公元291年），贾后设计杀死了杨骏，将汝南王司马亮辅政。开始了历史上有名的“八王之乱”。

惠帝被废，复位，又被俘，到永熙元年（公元306年）被毒死，立怀帝止。汝南王亮、楚王玮、赵王伦、齐王冏、成都王颖、长沙王又、河间王、东海王赵等八个诸侯王都先后参与了动乱，共历时十六年。

历史上的“七国之乱”和“八王之乱”这两个故事组合成了“乱七八糟”这个成语，由上面两件事看来是得有其所。

“呆若木鸡”曾是高境界

人们通常会用“呆若木鸡”这个贬义词，来描述痴傻发愣的人。但是这种约定俗成的用法却是与成语最初的含义大相径庭，曾经它是一个形容境界高的褒义词。

“呆若木鸡”语出《庄子·达生篇》，本是一则寓言故事。

西周时期，周宣王特别喜欢斗鸡，一个叫纪渻子的人，专门负责为宣王训炼斗鸡。

在训练鸡的过程中，刚过十天，周宣王便问纪渻子鸡是否训练好了，纪子回答说还没有，这只鸡表面看起来气势汹汹，其实没有什么底气。

又过了十天，周宣王再次询问，纪渻子说还不行，它一瞧到别的鸡的影子，马上就会紧张起来，现在还有好斗的心理。在第三十天的时候，周宣王又忍耐不住了，再次去问，但回答是“还是不行”，因为纪渻子认为这只鸡还有些目光炯炯，气势未尽。

这样又过了十天，纪渻子终究说差不多了，他说：“它已经有些呆头呆脑、面无表情，看上去就像木头鸡一样，说明它已经进入至高的精神境界了。”宣王把这只鸡放进斗鸡场。别的鸡一看到这只鸡，掉头就走。

（原文：纪渻子为王养斗鸡。十日而问：“已乎？”曰：“未也，方虚骄而恃气。”十日又问，曰：“未也，犹应向景。”十日又问，曰：“未也，犹疾视而盛气。”十日又问，曰：“几矣。”鸡虽有鸣者，已无变矣，望之似木鸡矣，其德全矣，异鸡无敢应者，反走矣。）

“呆若木鸡”不是真呆，只是看着呆，实际上却有很强的战斗力。“呆若木鸡”是具备“其德全矣，异鸡无敢应者”的威严的斗鸡。这种威严来自其内，是经过长期修炼所获得的，“呆”是种境界。

在古时，一个人若想“呆若木鸡”，那还是一个很高的追求呢。

“平易近人”有演变

“平易近人”原作“平易近民”，一字之变却有了很大的变化。

周朝初期，周公被封在曲阜为鲁公，但他没有到那里去，而是派了长子伯禽去接受封地，他仍在朝摄政辅佐周成王。在这之前，曾辅佐文王、武王灭商有功的姜子牙被封在齐地，为齐国国君。

伯禽去鲁地后，三年后才来向周公汇报在那里施政的情况。周公问：“为什么这么迟才来汇报？”伯禽答道：“改变那里的习俗，革新那里的礼法，三年后才能看到效果，所以来晚了。”

曾经去齐地的姜子牙只过了五个月，就来向周公报告在那里的施政情况了。当时，周公感到惊奇，便问他："你怎么这样快就来报告情况呀？"姜子牙回答说："我简化了君臣之间的礼节，一切按照当地风俗去做，所以这样快。"

周公听了伯禽的汇报后，不由叹息道："呜呼，鲁后世其北面事齐矣！夫政不简不易，民不有近。平易近民，民必归之。"

意思是说，鲁国的后代将要当齐国的臣民了，政令不简约易行，百姓就不会对他亲近；政令平和易行，百姓就必定会归附。周公的话总结成词语"平易近民"。

到了唐朝，为避唐太宗李世民的"民"讳，凡言"民"处皆改为"人"，"平易近民"也不例外。如白居易《策林》十二引用周公的话时就改成了"平易近人"。

姜子牙在征服齐地后，采取"平易"的政策的目的就是为了"近民"，这是出于政治需要。但"近民"改成"近人"后，意思也就变了。"平易近人"指平和的为人处世的态度，有时也指文章风格浅显易懂。

"杜撰"是姓杜的人的撰写

"杜撰"的"杜"字是和杜姓有缘的，但说的是谁却是说法不一。

《野客丛书》中记载了一个版本。

"杜"字源于杜默。杜默喜欢作诗，但他并无真才实学，对诗的韵律也一窍不通。而且他反对循规蹈矩，因此他的诗往往闹出许多笑话。

有一次，杜默的老师石介和欧阳修为再次名落孙山的他设宴告别。席间把酒吟诗，杜默即兴作了一首答谢诗，诗中写道：“一片灵台挂明月，万丈词焰飞长虹，乞取一杓凤池水，活取久旱泥蟠龙。”

诗句读来算是豪放，但邻座的一位考生却对此诗质疑，他指出诗后两句重复用了“取”字，犯了诗家忌讳。杜默却不接受，他说那是死守陈规陋习，诗贵在意境，是决不能因词伤意的。

因为杜默写诗一向不讲韵律，有人就评价说他写的东西诗不像诗，文不像文，实在是不伦不类。因此，人们每每见到他的诗就开玩笑地说：“这是杜默所撰”，渐渐地人们就把这话简化为“杜撰”了，用来指信口开河或不通文理的文章。

还有一种说法，说“杜撰”中的“杜”字指的是唐朝末年，长安人杜光庭。

杜光庭精通儒、道典籍，他在科举不中后入天台山做了道士。杜光庭擅长诗文，他写的五言绝句《富贵曲》很有名。做了道士后，出于维护道教的目的，杜光庭编撰了很多神话故事来阐扬道教。

杜光庭的故事多荒诞不可信，后来人们也就把胡诌八扯、随意编造的事称为“杜撰”了，即“杜光庭之撰”。

明代冯梦龙的《古今谭概》及清代褚人获的《坚瓠集》都解释“杜撰”为：“唐五代杜光庭的事。”

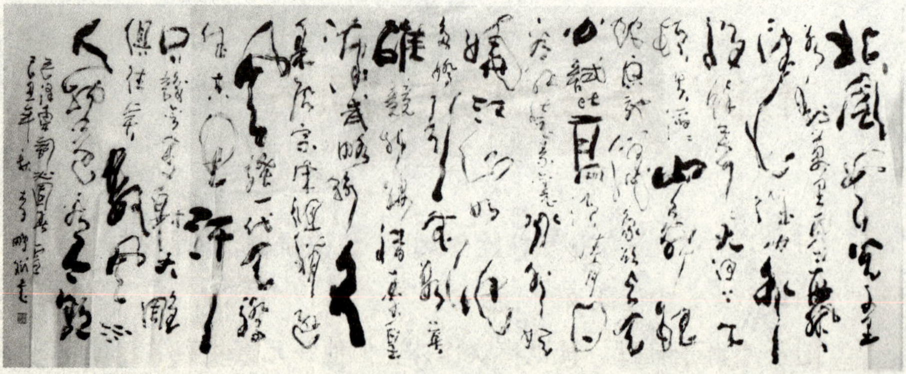

无论真假怎么样，作为我们听些趣味故事，知道“杜撰”的“杜”字来源于杜姓就好了。

“登徒子”冤枉成好色之徒

“登徒子”即是“好色之徒”，这点我们中的多数都不会疑问吧？但这却是很大的冤枉。登徒子是战国时楚国宋玉笔下的一个人物。

楚襄王很宠幸辞赋作家宋玉。登徒子很嫉妒，于是向楚王说宋玉的坏话，说宋玉虽然长得文雅英俊，但却是一个好色之徒，希望楚王不要让宋玉出入后宫。

楚襄王听到登徒子这样评价宋玉很吃惊，于是他找来宋玉进行质问。宋玉不慌不忙地回答道：“臣不是好色之徒，相反，登徒子先生倒是地地道道的好色之徒。”

楚襄王一听很有兴趣，问道：“此话怎讲？”

宋玉回答道：“天下的美女以楚国为最，楚国的美女以臣的家乡为最，臣家乡的美女以臣东边邻居家的女子为最。臣的这个东邻美女，有倾城之貌，增之一分则太长，减之一分则太短；搽粉则太白，涂胭脂则太红。就是这样的一个美女，因为爱慕臣，登上墙头偷偷看了臣三年，我至今不为所动。”

宋玉继续道：“登徒子先生就不一样了，他的妻子长得又丑又邋遢，他居然还跟她生了五个子女！大王您仔细想一想，我俩到底谁是好色之徒？”

楚襄王当听之下，很迷糊。宋玉虽然是诡辩，但是逻辑性极强——我宋玉美色在前连眼睛都不眨一眨，登徒子却连丑妻都爱得要死要活，登徒子难道不是真正的好色之徒吗？

这段故事出现在宋玉的《登徒子好色赋》。

1958年1月12日，在南宁会议上，毛泽东曾朗朗背诵了宋玉的《登徒子好色赋》中的一大段，然后指出：宋玉攻击登徒子的这段话，完全属于颠倒是非的诡辩，是采用‘攻其一点，不及其余，尽量夸大’的手法。随即他解释道：从本质看，应当承认登徒子是好人。娶了这样丑的女人，还能和她相亲相爱，和睦相处。照我们的看法，登徒子是一个爱情专一、遵守‘婚姻法’的模范丈夫，怎能说他是‘好色之徒’呢？

虽然有伟人辟谣，但时隔久远，“登徒子”是无处喊冤了。

古代文人自况是“丧家之狗”

我们知道“丧家之狗”说的是一个人失去依靠、无处投奔或惊慌失措的处境，含贬义。但是你知道吗？古代很多文人都曾用这一词语来称呼自己。

首先要说的是孔子，这位老先生曾对别人称呼他为“丧家之狗”欣然接受。

孔子周游列国，到处游说。一次，孔子来到郑国，他跟弟子走散了，一个人站在东门旁发呆。子贡向郑国人打听孔子的消息，有人告诉他说：“东门有一个人，前额长得像尧，脖子像皋陶（舜的大臣，掌刑狱）……又瘦又疲惫像只无家可归的狗”。

见到孔子后，子贡把原话告诉给他，孔子欣然笑曰：“形状，末也。而谓似丧家之狗，然哉！然哉！”大意是，把我说成这副模样也没什么。不过说我像条无家可归的狗，倒是说得对呀！说得对呀！孔子游说四处碰壁，他借“丧家之狗”表达了自己不遇“明主”、壮志难酬的感慨。

宋代大诗人苏轼曾在《次韵孔毅父久旱已而甚雨三首》之一里，将自己比作“丧家狗”：“我虽穷苦不如人，要亦自是民之一。形容可似丧家狗，未肯弭耳争投骨。”诗里表达了苏轼的气节，尽管自己体形消瘦面容憔悴，犹如“丧家之狗”一般，但也绝不肯俯首帖耳地争拾嗟来之食。这里的“丧家之狗”尤令我们敬佩。

宋代黄庭坚也有将自己比作“丧家狗”的经历。他在《次韵德孺惠贶秋字之句》诗云：“顾我今成丧家狗，期君早作济川舟。”“济川舟”指宰相。黄庭坚在诗中，以“我今成丧家狗”的窘境警示他的朋友及早树立成为宰相之才的壮志。

“丧家之狗”志未丧，文人们用它来宣泄感情。嘲笑别人的人我们对他持着保留态度，自嘲的人我们会毫无疑问地对他深信不移。

倒楣原非倒霉

“倒霉”最初是写作“倒楣”，这样写是有缘故的。

“倒楣”一词出现的历史并不长。据考证，该词出现在明朝后期。

明朝因袭了隋唐以来的“八股取士”的科举制度，此制度严重地限制了广大知识分子聪明才智的发挥，加之考场舞弊之风甚盛，所以一般的读书人要想中举是极不容易的，而科举是读书人出人头地的唯一出路。因此，科场内的竞争也相当激烈。

为求吉利，在科考前，有考生的人家会在门前竖起旗杆，以此为考生打气壮行，当时人称这旗杆为“楣”。

依据当时的惯例，揭榜后，谁家的学子榜上有名，原来自家门前的旗杆可以照竖不误；如果不幸失利，该考生的家人往往就会把自家的旗杆放倒，叫作“倒楣”。

因为“倒楣”表示考生落榜，取同样的意思，“倒楣”成了江浙一带的方言，指事不顺利或运气坏。

后来，因“霉”和“楣”同音，加上“霉”字本来就有坏运气的意思。“霉”有霉病、霉菌、霉烂、霉气、霉头等不吉利词组。慢慢地，人们就习惯于把“倒楣”写成“倒霉”了。

到了现在，“倒霉”一词被愈来愈多的人用于口语和书面语中。

“天花乱坠”本吉祥

“天花乱坠”指说得非常动听，多指夸大或不切合实际的言语，感情色彩上贬义居多。然而此词却有一个褒义的典故，它的本义是说佛祖讲经，感动了天神，天界各色香花，纷纷坠落下来。

“天花乱坠”一词的意象最先出现在《法华经·序品》中。里面这样描写佛陀释迦牟尼为诸菩萨讲解《大乘经》时的情景：

“佛陀结跏趺坐，入于三昧，仿佛一座凝固的雕像。天上像下雨一样落下了四种奇花——曼陀罗花、摩诃曼陀罗花、曼殊沙花、摩诃曼殊沙花，分撒在佛陀和听法的大众身上……”

可见，“天花乱坠”在佛教中本来是指讲经讲到妙处的感动，代表着一种宁静祥和。

“天花乱坠”一词典出《心地观经 · 序品》，其中也同样提到了上面的这种奇异的天象：“六欲诸天来供养，天华（花）乱坠遍虚空。”

许是因为佛教传自印度，来自外来宗教的缘故，中国人不相信这种奇异的天象。“天花乱坠”一词被歪曲成光会说漂亮话，夸大而不切实际的意思。

“天花乱坠”由褒义变成了贬义。《红楼梦 · 第六十四回》中贾蓉有话道：“贾琏那边如何娶，如何接了你老人家养老……说得天花乱坠，不由得尤老娘不肯。”

说说“老衲”

和尚为什么自称是“老衲”呢？这还要从旧时人们的简朴生活说起。

“衲”是补缀之意，旧时社会上的物质生活并不丰富，平常百姓的衣物仅仅有几件而已。因此，破了的就要补了再用，补过之后又破了的仍旧要再补再用。

当时人们自己制衣做鞋，即使蠢闺女、笨女人也必是会缝补衣物的。最出名在今日仍有人沿用的当属“纳鞋底”了，用结实的麻绳缝制多层碎布拼成的耐磨布即是鞋底，“纳”字的缝缀之意也源于此。

到了僧人这里，他们一向生活清苦，缝补自是不必再说。他们的衣服是早先别人不用后施舍给他们的，这样他们收到的自然不会是完好的，所以就要自己动手先“纳”一番，纳成“百衲衣”即是僧衣了。

后来，“纳”又引申出僧衣的意思，老和尚谦称是“老衲”，贫寒、谦虚之意一个“纳”字，就展露无疑了。

“红尘”曾不指人间俗世

通常一个人“看破红尘”后，就遁入佛门了。“看破红尘”即是将人间俗世看透、看化，任何事物于他没有了区别。

“看破红尘”是一种价值观的超脱，这里“红尘”指的是人间俗世。但是最初的“红尘”，说的是繁华都市的飞尘，它指代都市的繁华。

班固的《西都赋》中有诗句说：“阗城溢郭，旁流百尘，红尘四合，烟云相连。”意思是说，车流经过喧嚣的都市扬起了尘土，尘土飞扬合拢在一起，满了全城，流向百家，尘土与烟云都连在一起了。这里的“红尘”是形容都市的非凡热闹场面，及其繁荣盛况。

“红尘”有了欢闹的意思就不难引申出凡夫俗子的热闹，即成了“繁闹的尘世”，进而出现了“人世间”的讲解。这个解释最早被佛家使用，佛家视自已六根清净，他们逃离尘世，超脱俗子，看破“红尘”

的一切。佛经中多处出现指凡俗尘世的“红尘”一词。

四大名著之首《红楼梦》中，第一回在解释题目，阐述石头记来源时说道：“原来是无才补天，幻形人世，被那茫茫大地渺渺真人携入红尘，引登彼岸的一块顽石。”“红尘”已经被普遍认成人间俗世。

“看破红尘”的真正意义就是知道、明了、体悟世间的实相。这是个很难的认识，我们大多数人不具有参透人生奥秘的慧根。经历便是人生，我们又何必要过早知道结局呢。

“傻瓜”的由来

“傻瓜”是个词性偏贬义的词。常被作为一句贬损人的话，用来责骂老实而不知变通的人。可是，人们为什么把愚笨之人称为“傻瓜”，而不叫“傻菜”“傻果”“傻豆”呢？原来此“瓜”非彼瓜。

就“傻瓜”一词的来源，我国著名历史学家顾颉刚先生曾做过考证，他得出结论，“傻瓜”跟古代一个非常古老的部族姜戎氏有关。

在我国古代，秦岭地区有一个地方取名“瓜州”。《左传·襄公十四年》记述了范宣子对姜戎氏的谈话，其中说，“来姜戎氏，昔秦人追逐乃祖吾离于瓜州。”意思是，当初秦人追赶你们的祖先吾离，一直追赶到了瓜州。

据考证，姜戎氏被赶到瓜州后，人们就把聚居在瓜州的姜姓人统称为“瓜子族”。瓜子族人老实、勤劳，秉性忠厚。他们被人雇用时不懂得偷懒，埋头不停干活，个个勤奋老实。有些人把他们的老实、勤劳称作“傻”，又因为他们是“瓜子族”，所以就称他们为“傻瓜”。然而这个称呼褒贬未定。

清代黎士宏的《仁恕堂笔记》中也记载：“甘州人谓不慧子曰

'瓜子'。"至今，甘肃、四川一带的人们，还称不聪明的人为"瓜子""瓜娃子"。

鲁迅的《故事新编·采薇》有句说："这之前的十多天，她（阿金）曾经上山去奚落了他们几句，傻瓜总是脾气大，大约就生气了，绝了食撒赖，可是撒赖只落得一个自己死。"作家浩然《艳阳天》第一一五章也说："谁也不会用自己的性命换一个不懂事儿的小孩子，没有那号傻瓜！"到这里"傻瓜"的贬义很明确了。

现今出现了一种"傻瓜"，是恋爱中的两个人对彼此的爱称，理解起来"傻瓜"的原意似乎又在归来。

"吃醋"因何被传开

男女相恋时有第三者介入，往往会让某一方产生嫉妒心，即是"吃醋"了。那么到底什么是"吃醋"？吃的为什么是"醋"，而不是别的东西?

关于"吃醋"的来源，有很多说法，但流传最广的出自唐朝的宫庭里。

唐太宗李世民执政时期，为笼络人心，他对几位朝中重臣各赐给了几名美女作妾。受赐大臣都高高兴兴地接纳，唯独房玄龄推辞不受。

唐太宗料到，这一定是房夫人从中作梗。经多次劝说无效后，太宗便派太监带着一壶"毒酒"去向房夫人传达圣旨，圣旨大意是，如果她同意房玄龄接受美女便罢，如果坚持反对，就以违抗圣旨论处，必须立即饮下那壶"毒酒"。

然而刚烈的房夫人，宁愿一死也不同意丈夫纳妾。于是她毫不犹豫地端起那杯"毒酒"一饮而尽。当房夫人含泪喝完后，才发现杯中不是毒酒，而是带有甜酸香味的浓醋。

原来，唐太宗只是想跟房夫人开个玩笑，吓唬和考验她一下。后来，唐太宗自我解嘲地说："朕尚怕见她，何况房玄龄呢！"从此不敢再提给房玄龄纳妾的事。

房夫人凭"吃醋"维护了一夫一妻制，"吃醋"的故事也因此而广为流传。

"吃醋"如今被我们日常生活所惯用，有些人见别人受到表扬或奖励，心存嫉妒，眼红别人，也被戏称为"吃醋"。

"吃醋"是一种正常的心理反应，是爱和关心的别样表现。一定范围的"吃醋"是好事。但世事过之如不及，因为美感只能产生在一定范围内，所以醋还是适度的喝吧。

"走后门"曾是滑稽戏

现在，人们称用不正当的手段谋取通融或获取利益叫"走后门"。那么，"走后门"是近代才产生的吗?

据说"走后门"一词出自北宋年间。宋哲宗死后，徽宗继位，他任蔡京为相。蔡京上任后，拼命贬斥哲宗时期的旧吏，规定其子女不得为官和入京，甚至连其诗文也不准流传。这样就引起朝野上下对蔡京的诸多不满。

不满情绪与日增长，便有了徽宗大宴群臣的宴会上，上演的一出讽刺喜剧。

一个大官坐在公堂上，正在升堂办案。有个和尚要求离京出游，可是他所持的度牒是哲宗年间的，大官不但不批准其要求，还下令收缴了度牒，不让他再当和尚了；后又有一个道士遗失了度牒请求补发，一问，知他是哲宗年间出的家，便立即命令道士脱下道袍还俗为百姓。

这时，他手下的一个官员上前低声问："今国库发下的俸钱一千贯，皆为旧时钱文，如何处置？"大官略作沉思后，悄悄地说："那就走后门，从后门搬进来吧！"

"走后门"这一词不仅是对蔡京所作所为的嘲讽，它也是对官家徇私舞弊行为的讽刺。自此后，"走后门"一词就流传了下来。

至今，"走后门"仍保留古时原意，用来表示私底下舞弊通融。

何人愿吃"闭门羹"

我们大家都知道，"闭门羹"意为拒客，但"闭门"何以与"羹"联系起来呢？如果"羹"指汤羹，难道是因"闭门"了，就以汤羹做补偿？

原来，在古代会吃"闭门羹"的人，是一些身分特殊的人。"闭门羹"一语始见于唐代冯贽《云仙杂记》中引《常新录》的一段话："史凤，宣城妓也。待客以等差……下列不相见，以闭门羹待之。"

在唐代宣州城出了一位名妓，名为史凤，轰动一时。方圆百里的贵胄子弟、风流才子都以一睹史凤芳容为快。

史凤不仅有沉鱼落雁之貌，还有一副迷人的金嗓子，舞姿更是令人倾倒，赋诗、抚琴、泼墨、作画无不精通，公子哥儿们都不惜重金，千里迢迢求见。

然而史凤却恃才清高，对他们手中的金银不屑一顾，她接待客人分成等级，区别对待。遇到自己中意的客人，她便很热情地接待；她认为是属于下等的，就不和他们见面，在门外用汤羹招待。久而久之，上门求见者只要一看见摆上羹，就知道史凤不愿接待，知趣地离开了。

史凤的羹是别有乾坤的。她的羹是用豆腐和鸭肠子为原料做的，之所以用这些不值一提的原料来做羹，就是为了表示主人对来客的轻视。

由上，“闭门羹”得名，它泛指拒绝客人进门，回避不见。

现在的拒客是没羹做招待了，一个闭门就足够干脆。也有用来指拜访他人时，主人不在，自喻吃了“闭门羹”的。

“三教九流”话职业

“三教九流”这个词语，不管是在日常生活中，还是在文献记载中都十分常见。在描述各色人等时，人们往往会用“三教九流”来归纳综合。今天的“三教九流”通常是作为贬义词使用，但是在古代它却有不一样的感情色彩。

下面我们就一起去探求“三教九流”说法的由来，及“三教九流”指的是哪些人吧。

“三教九流”中的“三教”和“九流”本来都有其实际所指。

释迦牟尼创立的佛教传入我国后，它与孔子的儒学、创于东汉时期的道教合称为三教。三教的排列先后，始于北周建德二年（公元573年）。《北史·周高祖纪》记载：“帝（武帝宇文邕）升高座，辨释三教先后，以儒教为先，道教次之，佛教为后。”

“三教”的说法最早出现在三国时代。儒教，孔子所创的儒学，原本并非宗教，汉儒为了抬高孔子的地位，把儒家学说渲染得像宗教一样，并在祭孔的典礼中掺入

了宗教的仪式，因此儒教就被人视做宗教了。道教，东汉时创立的一种宗教，讲究炼丹修道，寻求长生不老之法。佛教，东汉时由西域传入中国，因由印度释迦牟尼所创故又可简称为“释”。

最初的“九流”，指的是先秦的九个学术流派，见于《汉书·艺文志》。这九个学派指的是：儒家、道家、阳家、法家、名家、墨家、纵横家、杂家、农家。

在古代人们还有“三等九流”的说法，即 “上九流”“中九流”“下九流”。

上九流：帝王、圣贤、隐士、童仙、文人、武士、农、工、商。

中九流：举子、医生、相命、丹青（卖画人）、书生、琴棋、僧、道、尼。

下九流：师爷、衙差、升秤（秤手）、媒婆、走卒、时妖（拐骗及巫婆）、盗、窃、娼。

这些流派及学说对我国古代思想、文化和文学的发展都曾产生过重大影响。宋代赵彦卫《云麓漫钞·卷六》有语：“（梁武帝）问三教九流及汉朝旧事，了如目前。”

“三教九流”也泛指各色人物和各种行为。《水浒传·第七十一回》道：“其人则有帝子神孙、富豪将吏，并三教九流，乃至猎户渔人、屠儿刽子，都一般儿哥弟称呼，不分贵贱。”

纵观“三教九流”说法的由来，以及典书中的使用，这个词都不曾带有贬义色彩。

后来，人们把宗教、学术中的各种流派统称为“三教九流”。随着时间的推移，其词性每况愈下。再后来，这个词的意义范围更加泛泛，社会上的各种各样的人物或行当也被称为“三教九流”。到了今天，“三教九流”已含有一种轻蔑的意味了。

历史上第一个“破天荒”的是谁

“破天荒”用来指从未有过或第一次出现的新鲜事。从古到今人类已经经历了很多的“破天荒”，但是，最初的破天荒者是谁呢?

我国古代科举制度是逐级选拔人才的过程。考生会试考完后，凡是考进士的人，经由地方筛选后，选送本地区成绩最好的人入京赴试。贡士参加皇帝在宫中主持的殿试（又叫廷试）。

唐宣宗时期，荆南地区（今湖南长沙一带）派人参加科举考试，四五十年中竟没有一个人考中。于是，人们称荆南地区为“天荒”，意思是天生的蛮荒之地。

唐宣宗大中四年（850年），荆南人刘锐终于考中了进士，荆南人士无不额首称庆，称为荆南争光的刘锐为“破天荒进士”。魏国公崔弦，当时任荆南节度使，他特地奖励刘锐十七万贯钱，以资他的“破天荒”之举，此钱被称作“破天荒钱”。但刘锐没有接受崔弦所赠的“破天荒钱”，他给崔弦写了一封信，里面道：“五十年来，自是人废；一千里外，岂曰天荒。”意思是，四五十年来只因为荆南人不争气才没有中进士；况且荆南地区离首都长安也只有一千里的路程，怎能称为“天荒”？

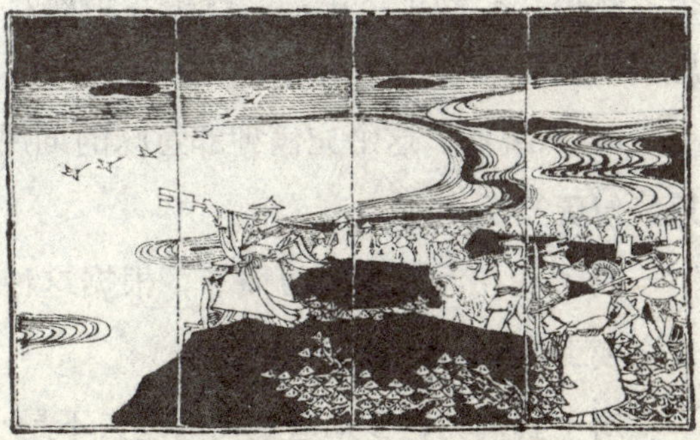

刘锐后“破天荒”一词流传开来。宋代苏轼有诗道：“沧海何曾断地狱，宋崖从此破天荒。”周必大诗曰：“绛帷幸得天荒破，日日当为何道人。”元人柳贯亦诗道：

“会见天荒破，端令士气粗。”其中，“破天荒”都含有突然得志扬名的意思。

现在，“破天荒”经常出现在我们的口语中，指从未出现过的事。

“跳槽”原是青楼语

“跳槽”一词现指换工作，但在古代它却另有解，“跳槽”原是个青楼语。

徐珂的《清稗类钞》对“跳槽”一词做了如下解释：“原指妓女而言，谓其琵琶别抱也，譬以马之就饮食，移就别槽耳。后则以言狎客，谓其去此适彼。”

大意是说，“跳槽”原来是说妓女的，一个妓女和一个嫖客相好了一段后，发现了更有钱的客人，便转移视线投入新欢的怀抱。如同马从一个槽转移另外一个槽吃草一样。后来，这个词也用到嫖客身上，表示嫖客对一个妓女厌倦了，又另外找了一个的行为。

明代冯梦龙编的民歌集《桂枝儿》里就有一首名为《跳槽》的歌，歌词道：“你风流，我俊雅，和你同年少，两情深，罚下愿，再不去跳槽。”这是一个妓女在向嫖客倾诉衷肠，最终他们达成的协议就是“再不去跳槽”。到了这里，“跳槽”指风月场中男女另寻新欢的行为的意思就非常明确了。

将“跳槽”这个充满狎邪意味的词用于变换工作或职业，最初或许只是句玩笑话。

到了现在大家已经习惯了，根据这种形象而又通俗的比喻，把它当作更换工作的大众通行语。

对于我们呢，多知道些词的过去不是一件坏事。

“绿帽子”让男人失节

男人讨厌“绿帽子”，尽管帽子有御寒遮阳的作用，但是如果是顶“绿帽子”的话，是任谁都不会戴的。

“绿帽子”是自元朝流传开来的。当时的蒙古没有娼妓一称，大草原上的男女只要愿意，马上就可以席天幕地肆意狂欢。因此，蒙古大军进入中原后，就很是看不惯号称礼仪之邦的中原人开设的妓院。于是元朝统治者规定，乐人、妓女必须着绿服、青服、绿头巾，而《元典章》更有规定：娼妓之家长和亲属男子须裹青头巾。

到这里，“青头巾”就与娼妓的男性亲属有了联系。又由于青、绿二色比较接近，又同属贱色，人们习惯于说“绿头巾”。按着《元典章》的规定看，“绿头巾”专属于妻子有不贞行为的男人，后来，“绿头巾”演变成了男人最讨厌的“绿帽子”。

另外，“绿帽子”之说，可能只是一个巧合。

古时候，有一对夫妻，丈夫是一个生意人，经常外出做生意，妻子待在家中做点针线活，两口子的日子过得也富裕。由于妻子生得娇艳可人，经常有一些狂蜂浪蝶来追求。平日里丈夫多不在家，妻子就不免枕冷襟寒、寂寞难耐。

后来妻子与街市一个卖布的私通，两人经常在丈夫不在时幽会。

有一次，丈夫回家后三个月都没有外出，把那个卖布的急得团团转。一天，丈夫骑着马到城外打猎去了，经过街市，那卖布的见了非常高兴，以为他又外出做生意了。当晚就窜进了生意人的家中，准备和相好幽会。岂料生意人突然回来了，几乎将他逮了个正着，妻子也吓了个半死。

这件事后，妻子就向那卖布的要了一块绿色的布料，做了一顶帽子给丈夫，并和那卖布的约定，当看见她丈夫戴上绿帽子外出的时候，就可以来了。

过了几天，丈夫又要外出做生意了，妻子赶紧拿出那顶绿帽子对丈夫说："外面的风沙大，戴上就不会弄脏头发。而且这颜色让你显得更神气，以后你每次外出我都为你做一顶，就像我跟在你身边一样，你就不用牵挂我了。" 丈夫见这顶帽子精致，又听到这番话很是开心，于是高高兴兴戴上了那顶绿帽子，骑着马得意扬扬，到外地做生意去了。当晚，他妻子就和那卖布的厮混在了一起。

以后，那个卖布的凡见了那丈夫戴着绿帽子外出，就会心花怒放。

实实在在的"绿帽子"着实令男人厌恶。

美女何来"尤物"一称

"尤物"用来代称漂亮女人，其中感情色彩不明自现，它带有很大的贬义。但是，为何称美女是"尤物"呢？

《左传·昭公二十八年》有句："夫有尤物，足以移人，苟非德义，则必有祸。"看来"尤物"有能改变男人心智的本领，是人们所说的祸患。

唐代陈鸿《长恨歌传》有句："意者不但感其事，亦欲惩尤物，窒乱阶，垂于将来者也。"这里"尤物"说的是唐明皇的宠妃杨玉环，杨玉环集后宫三千宠爱于一身，是使"君王不早朝"而后导致国家败乱的人物。

清代孔尚任《桃花扇·却奁》又有："师兄有福，消此尤物。"此处"尤物"指的是秦淮名妓李香君。

"尤"字在古汉语中出现较早，释为"异"。"异"有奇异的义项，"物"是物品的意思，"尤物"即作异物，说的是珍奇之物。周涛《巩乃斯的马》中对马有这样的赞叹："在伊犁，在巩乃斯大草原，马作为茫茫天地之间的一种尤物，便呈现了它全部的魅力。"

物再珍奇它也是物品，用"尤物"来称呼女性，是对女性很大的不尊重。这也从另一方面反映了，古时女性的卑微地位，她们是男人的附属品。然而，既然女性如此卑微，甚至不被当成人看，又何必将朝代衰败，国家灭亡等祸国殃民的大事扣在她们身上呢？这些是卑微的她们无法胜任的罪名啊。

美可以带给人视觉上的愉悦，是上天的一种恩赐，如果我们仍旧诋毁这样的好意，是不是就太不识时务了。

话说"狐狸精"

"狐狸精"可不是个好词，它是轻浮、淫荡的女人的代名词。那为什么"狐狸精"三个简单的字能担负此等意味呢？

"精"是提炼提取出的精华。古人认为世间万物，特别是动物，都可以自身修炼成"精"，此"精"是指神通广大的鬼神妖怪。

"狐狸"是众多动物中生性最狡猾的一个。中国古代传说中，关于狐狸阴谋骗人、设计害人、机诈猥亵的故事极多。我们用的带“狐”字的词语非常普遍，而且多为贬义。如比喻多疑为“狐疑”、用色相迷惑人叫“狐媚”、结交的坏人称“狐群狗党”或“狐朋狗友”等。

由上，“狐狸”加“精”就不可能是好词了。

传说，“狐狸精”这个名称始于唐初。《太平广记》中《狐神》条云：“唐初以来，百姓皆事狐神，当时有谚曰：‘无狐魅，不成村。’”就“魅”字，《说文》释为“老物精也。”“狐魅”即“狐狸精”。唐代以后的志怪小说，如《容斋随笔》《聊斋志异》等中，更是到处活跃着“狐狸精”形象，她们性格各异、妖艳、多情。

“狐狸精”是狐狸成精的产物，加上志怪小说中对众多民间妖艳、多情的“狐狸精”的描述。于是乎，人们就把“狐狸精”作为形象的俗语，用于称呼性感而又具诱惑力的不良女性。

到现在，我们的意识里“狐狸精”是没有了翻身之地，当然也没那个必要。这一形象俗语好用且贴切，现在我们称色诱男人的第三者作“狐狸精”。

“附庸风雅”原中性

“附庸风雅”形容缺乏文化修养的人追随于文化人，装出自己很有修养，文雅有风度的样子，是个贬义词。历史上尚有冤案，一个词被历史曲解就更不在话下了，“附庸风雅”就是一例。

“附庸”指的是面积不足五十里的区域，根据古代礼制，天子之领地要超过方圆千里，公侯的领地方百里，伯的领地方七十里，子男的领地方五十里。方五十里内者的领地，因为太小，它没有资格直属于天子，而只能附属于别的诸侯国。因此，“附庸”准确的意思是附属于其他诸侯国的小区域。

小地方也是有小地方的“风”“雅”的。

苏轼有名句“四诗风雅颂”，“风”本来就是土风、风谣，亦是各地方的民歌民谣。在《诗经》里就收录了《风》，共包含从周南、召南、邶、鄘、卫、王、郑、齐、魏、唐、秦、陈、桧、曹、豳等15个地区采集上来的土风歌谣。“附庸”虽小，但它也有自己的风土方物，也有抒发自己爱恨情仇等感情的权利。这样看来，小地方是有属于自己的“风”的。

“雅”即所谓正声雅乐。难道小地方就不能会演奏宫廷乐歌？小地方就不能在闲暇无事时以乐声娱乐自己？但如果和朝廷举办的盛大典礼相比，在小地方正经八百地自娱自乐的“阳春白雪”不算“雅”的话，那我承认“附庸”不能“雅”。退一步说，《小雅》中不是有少量民歌？

由上看来，“附庸风雅”本来是个十分中性的词，只表示是“附庸”之地的“风”和“雅”。而现在这个词却无可挽回地变成了一个贬义词，可叹、可惜。

何来“老婆”一称

丈夫称妻子为“老婆”是很理所应当的，甚至就是天经地义的，但这称呼却不是古来就有的，自然也没那么的不容置疑。

“老婆”这个称谓，最初的含义是指老年妇人。古时，妻子的别称很多，如孺人、内人，内子等。妻子还被称为内助，意为帮助丈夫处理家庭内部事务的人。贤内助成为好妻子的美称。对别人谦称自己妻子时，则称之为拙内、贱内。那“老婆”是怎么成妻的呢？

这儿有则文坛趣话，我们一起来看看吧。

唐代有一位名士，名叫麦爱新。在他考中功名后，便觉得自己的妻子年老色衰，于是产生了嫌弃老妻，再纳新欢的念头。但他却苦于不知如何开口，于是便写了一副上联放在案头：“荷败莲残，落叶归根成老藕。”其中“藕”是配偶的“偶”的谐音。

麦爱新的妻子看到此上联后，发现了丈夫另寻新欢的想法，于是便提笔续了一个下联：“禾黄稻熟，吹糠见米现新粮。”其中，“粮”是“新娘”的“娘”的谐音，此下联对得不仅十分工整贴切，而且新颖通俗，饶有风趣。

读过妻子的下联后，麦爱新被妻子的才思敏捷和拳拳情意打动，便放弃了弃旧纳新的念头，并且为自己的一时冲动感到很内疚。妻子见丈夫回心转意，不忘旧情，乃挥笔写道：“老公十分公道”麦爱新也附上下联：“老婆一片婆心”“老婆”对应“老公”，含有“相濡以沫、恩爱长久”的愿望。

如此这样，这个带有爱情教育意义的故事流传开来，世代传为佳话。到现在，汉语中有“老公”和“老婆”这两个词，夫妻间互称“老公”和“老婆”。

“千金”是男是女

现在“千金”多用于称呼他人的女儿，含尊贵之意。但在古代千金原指男儿身。

“千金”一词由来已久，但用来指人，还要从南朝梁司徒谢肋说起。

谢肋自幼聪慧，10岁时便能写出很好的文章。特别受到其父谢庄的喜爱，常把他带在身边。

一次，在随父游山过程中，谢肋受命作游记。瞬间，他提笔便成，文不加点。宰相王景文大加赞赏，对谢庄道：“贤子足称神童，复为后来特达。”听罢这样的夸赞，谢庄很是自豪，他爱抚儿子的背说：“真是我家千金啊。”由此，“千金”一词第一次用于说人。

历史上有很长一段时间都用“千金”一词比喻出类拔萃的少年男子。

把少女称做千金或千金小姐，则是元明以后的事。最早的文字记载见于元代曲作家张国宾所写的杂剧《薛仁贵荣归故里》，其中有句：“你乃是官宦人家的千金小姐，请自稳便。”在明清以后的话本小说中就经常见到“千金小姐”一词了，其词义与当年谢庄夸赞谢肋时大致相同。

关于因何称少女为“千金”，这里还有一个说法。

相传，伍子胥的父兄被楚平王杀害后，他一人逃离楚国，投奔吴国。途中饥饿万分的他，见一位浣纱姑娘竹筐里有饭，于是上前求乞。浣纱姑娘赠饭于他，使其饱餐了一顿。伍子胥十分感激姑娘，但为了安全起见，他要求姑娘为他保守行踪。但此话却使姑娘意识到男女接触为礼教和舆论所不容，于是她便随即抱起一块石头，投水身亡。

伍子胥见状，悲伤不已。他咬破手指，在石上写下血书："尔浣纱，我行乞；我腹饱，尔身溺。十年之后，千金报德！"后来，伍子胥在吴国当了国相，吴王派兵攻入楚国。报了大仇的伍子胥想到要报恩，但苦于不知姑娘家地址，于是便把千金投入到她当时跳水的地方。

古代"千金"有男有女，但现在"千金"无疑专指女儿身了。

鬼推磨原是为了混饭吃

我们常用"有钱能使鬼推磨"这一俗语来形容金钱的万能，但曾经却有人没钱也让鬼推磨了。

"有钱能使鬼推磨"出自南朝刘义庆的《幽明录·新鬼》，其中杜撰了这样一个故事。

有一个新到阴间的鬼，得不到食物，饿的瘦弱不堪。一个老且胖的鬼告诉它，只要到人间作祟，闹得人们不得安宁，他们一害怕，自然就会烧纸钱送鬼神，还会供奉东西。

新鬼于是高高兴兴地来到人间，随便就闯入了一户人家。看到厨房中有一口磨，就使劲推起来，以为这样就能闹得人家惊慌失措。不巧的是，新鬼来到的是一户穷人家，屋主自己都缺吃少穿。在听到响动，主人到厨房查看，发现空无一人，而磨却在转，于是贫困的屋主便感叹道："天都可怜我太穷，派鬼来帮我推磨了。"可怜的新鬼推了半天的磨，不仅没捞到半点好处，还累得半死。

故事很有趣，那个混饭没成的鬼，着实让人同情。

关于"有钱能使鬼推磨"的故事还有好多，这里再跟大家分享一个在百度百科里看到的有趣故事。

从前，榆村有个叫榆苗的人，四十岁那年，有小鬼来勾他。在去阴世的路上，榆苗对小鬼说：“我每年送你五万冥钱，你就放了我吧。”小鬼一听有利可图，就放了榆苗，勾走本村叫榆树的老头。

阎王一看对小鬼说：“叫你去勾榆苗，怎么勾来了榆树？”小鬼辩说道：“这人是榆苗，长大了就成了榆树。”阎王听出是小鬼胡编，怒喝道：“快去勾榆苗！”

小鬼心想，榆苗给这么多钱，不能勾他，就把一个叫榆墩子的勾了来。并向阎王报告说：“榆树死了就被人砍了，现在只剩榆墩子了。”阎王听了哭笑不得，心想：“小鬼一定收了贿赂，决定自己亲自去勾榆苗，回来再拿小鬼算账。”

阎王来到榆苗家，看见榆苗正在推磨。榆苗见阎王来，便苦苦哀求：“阎王爷，我家有七十老母，你让我把磨推完再跟你走吧，不然我娘以后吃什么呀？”阎王摇头不允，榆苗便又说：“我以后每年给你五十万冥银。”见阎王无动于衷，榆苗又道：“给您一百万冥银。”阎王闻听，心中一喜，说道：“好吧，看你如此孝顺，我就帮你推几圈磨吧！”说着阎王帮忙推起磨来。

榆苗见此状，心中暗喜又道：“阎王爷，我以后每年给您一千万冥银，您让我活到百岁，给老娘送终吧。”阎王一听是一千万冥银，心中狂喜，说道：“好吧，我就成全你这片孝心。”说完，勾上本村的一个叫榆根的就走了。

小鬼见阎王勾回的也不是榆苗就问：“阎王爷，你怎么也勾错了人呢？”阎王瞪了小鬼一眼说：“就许你勾个榆树、榆墩子，不许本王勾回榆根吗？”

到了这里，我们还真得承认金钱的本领大，但有个早已被证实的真理“金钱不是万能的”，却也是千真万确的。

八两等于半斤

有句口头禅道：“你俩一个样，一个半斤，一个八两，谁也不比谁好到哪。”“半斤八两”解释为：半斤、八两轻重相等，比喻彼此不相上下，多为贬义。

“半斤”怎么会和“八两”不相上下呢？难道“半斤”等于“八两”？没错，在古代的“半斤”就是“八两”，在过去相当长的一段时期内一斤是十六两。

古代的一斤十六两是有说法的。秤杆上刻的十六个星分别为北斗七星、南斗六星、福禄寿三星。秤上标刻天上的北斗七颗星和南斗六颗星，这该归于天大于一切的思想，来自于那时人们的取向。

再加上福禄寿三星，我们就该细推究一下了。

古时使用秤的买卖人，量重量是凭良心给的，没什么外在的监督。为了保证商人能不缺斤少两，人们就在秤上加上了福禄寿三颗星。如果缺斤少两，良心就要受谴责，就会折福，折禄，折寿。买卖人售货给顾客时，如短秤一两则折福，缺二两则折禄，缺三两则折寿。市场上曾有一段时间称呼不够分量的秤为“短命秤”。

另外，关于“半斤八两”还有则寓意故事：

从前，有个宰相的孙子，他整日游手好闲，好吃懒做。不久就把祖业都败光了，连饭也吃不上，经常向人借米度饥。有一次，他借到一袋米回来，半路上背不动了，只好在路边歇着。

这时候，迎面走来一个穿着破烂的人。他叫住那人，两个人讲好工钱后，那人开始帮宰相孙子背米。可是，没走多少路，那人就气喘吁吁的，也走不动了。

宰相孙子便埋怨地说：“我是宰相的孙子，手不能提，肩不能挑，这还有情可原。你是一个穷人，为什么也这样不中用？”没想到，那人却翻翻眼，说：“你怎么能怪我？我是尚书的孙子。”

当时的人们评说：他们一个是半斤，一个是八两，两人差不多。由宰相孙子、尚书孙子来说“半斤八两”的贬义含义还真不是名不副实。

到这里，“半斤”等于“八两”我们就不该疑问了，而它的贬义色彩也已经很明确。

“朽木”是如何“不可雕”的

我们现在用“朽木不可雕”来形容人、事物或局势败坏到不可救药的地步，不过这个成语最早却来源于一次无辜的白日睡觉。

“朽木不可雕”一语出自孔子之口，《论语·公冶长》记载：“宰予昼寝。子曰：‘朽木不可雕也，粪土之墙不可圬也。于予与何诛？’”这是孔子责备他的学生宰予的一段话。

一日，孔子上课的时候，他的学生宰予却在睡觉，于是便有了上面的大发感慨。孔子的话译作白话是，腐朽的木头不可雕刻，粪土垒起来的墙壁无法粉刷，对宰予这样一个人，责备他还能有什么用呢！

宰予言辞美好，说起话来娓娓动听。起初，孔子很喜欢这个弟子，以为他一定很有出息。但经过课上睡觉一事后，孔子得出教训：“始吾于人也，听其言而信其行；今吾于人也，听其言而观其行。于予与改是。”孔子的话的意思是，以前我对待别人，听他说话就相信了他的行为；如今我再对待别人，一定要听其言然后看他的行动，这是宰予睡觉事件对我的改变。

课堂上犯困是常有的事，所以东汉王充的《论衡·问孔》曾有言为宰予叫屈："昼寝之恶也，小恶也；朽木粪土，败坏不可复成之物，大恶也。责小过以大恶，安能服人？"

然而无论怎样，也许是孔子老先生太严格了，他的用语过偏激，宰予的小错够不上"朽木不可雕也"，但是这一词却流传下来，成为了我们说坏的一个用语。

古时人人可自称"朕"

古时"朕"也曾是老百姓。

我国最早的一部解释词义的专著《尔雅·释诂》注释"朕"道："朕，身也。"在先秦时代，"朕"是第一人称代词，意为我的。当时不分尊卑贵贱，人人都可以自称"朕"。

顾颉刚、刘起釪两位先生在《〈尚书·汤誓〉校释译论》中指出："朕——甲骨金文中都只作单数第一人称领格（所有格），即'我的'。"屈原《离骚》也有语："朕皇考曰伯庸。"译作白话是："我的父亲叫伯庸。"

司马迁《史记·秦始皇本纪》记载有：秦统一天下后，规定"天子自称曰'朕'"。自此开始了，"朕"的不平常路——专作皇帝自称。

秦始皇之前的统治者，都还相对比较谦虚。那时的诸侯王常常自称"孤""寡人""不谷"。"孤"者，谓自已不能得众也；"寡人"者，寡德之人也；"不谷"，谷为食物，可以养人，乃善物，"不谷"即不善。

秦始皇统一六国后，统治者便开始有了"我的""天下都是我的""唯我独尊"的感觉。于是，"朕"也就应运由寻常百姓家飞入了皇宫之中。

中国古代皇帝有一个习惯，凡是与自己有关的东西都不许别人染指，包括名字，包括人称代词。“朕”这个第一人称代词，在秦朝之后，就和普通人无缘了。

到了现在，帝王专制制度已不复存在，但若是谁再自称起“朕”来，又会觉得奇怪，看来“朕”是一去不返了。

“两口子”不是两口人

“两口子”用来称呼夫妻，因其说来顺溜，出口自然，又贴近生活，很受人们的喜爱。那么，“两口子”指的是两口人吗?

这里要引入一个故事。

清朝乾隆年间，山东某县有一个叫张继贤的才子。在一次偶然的机会，他与本地恶少石万仓的妻子曾素箴相识，二人一见钟情，经常来往。

石万仓酗酒成性，一次因饮酒过度、引起酒精中毒，最终身亡。石家人有闻曾素箴与张继贤的交往，便怀疑石万仓是被害死的，于是告到县衙门，说曾素箴因偷奸杀死亲夫。

县官接状后，不问青红皂白，就把张继贤和曾素箴打入大牢，判为死罪，从县府押至京城处决。

一次，乾隆皇帝阅案，看到了张继贤的诉状。乾隆见其文笔不凡，十分惊讶，于是亲自到牢中去看望张继贤。在交谈中，乾隆确信张继贤是难得之才，便生了救他之心。

乾隆下江南私访时，途经微山湖，停留几天后，乾隆熟悉了这里的山山水水，便御批：将张继贤发配到微山湖的卧虎口，将曾素箴发配到微山湖的黑风口（现为微山县两城乡东风口）。

张继贤、曾素箴二人虽然因冤双双入牢，但情丝未断。获皇帝恩准发配到“两口”后，很是喜出望外，二人时常互往互来，甚是自由。他们这样来往于卧虎口与黑风口，被人们称为“两口子”，“子”在旧时兼称男女。

“两口”是卧虎口和黑风口，不是两口人，但用“两口子”称呼夫妻俩却是没有再合适和再贴切的了。

“卖关子”另有解

“卖关子”原来可不是故弄玄虚。这一词的来源有些让人愤慨。

唐代，有个叫李逢吉的人，仗着自己是皇亲国戚，就肆无忌惮地拉关系开后门，卖官鬻爵，无所不为。他的手下，集了张又新、李仲言、李续子、李虞、刘栖楚、姜洽、张权舆、程者范等一群奸佞之臣，在这八人之下，又聚集着奉承附会角色八人，共计有十六人之多。这班人趋炎附势，欺压百姓，无恶不作。

官员进京时，有事求见李逢吉，须得过了这群人的“关口”。朝廷上一些正直的官员以及老百姓对他们侧目而视，称之为李逢吉门下的八关十六子。想过他们的关口，需先行贿赂，否则事就不成。

后来，这群奸佞之人，更是花样百出，将求什么事该送多少财礼，定出价码来了。欲见李逢吉，先来买关子，关子买得通，事便办得成。

这群“卖关子”的人真是令人发指，“卖关子”一语也由此流传开来了。

“关子”是在南宋绍兴元年（1131年），因婺州屯兵的需要，出于筹措军费的目地而印造的有货币职能的票据，商人以现钱在婺州换取“关子”，然后到设在临安的榷货务兑换铜钱或者盐引、茶引等。

现在的“卖关子”，比喻说话、做事在紧要的时候故弄玄虚使对方着急，以引起对方的兴趣。此时的“卖关子”或有不是，但是较李逢吉的犬牙们的狗仗人势却是好得多了。

3

民俗、礼仪点拨

中国人偏爱红色

“红色”为中国人所偏爱的颜色。

有人说，“红色”是火，当年燧人氏钻木取得的火种一直燃烧至今。火让人类吃上了熟食，使人类得以繁衍；火带来了光明，使华夏不再黑暗；火带来了温暖，使华夏不再寒冷，所以人们感激“红色”。

也有人说，古人认为烈日如火，其色赤红，“红色”是源于太阳的颜色。《淮南子·天文训》中有说：“日为德，月为刑，月归而万物死，日至而万物生。”因此古人看到阳光下的万物生机勃勃，就产生了对太阳的依恋和崇拜，自然而然，象征太阳的“红色”也就备受中国人的青睐。

民俗学家认为，“红色”可以避邪。据说在很久很久以前，有一只叫“年”的怪兽，它力大无比，殃及人类，却又无人能降伏它。后来，有人发现这只怪兽怕红色，于是，在除夕之夜，家家户户都挂红灯笼贴红纸，果然把“年”吓跑了。从此以后，每逢过年，红灯笼、红对子、红衣服……到处一片“红色”。

老百姓说，“红色”是一种喜色。人之降生首先出红，两性初交也要见红，大红的“喜”字是跳动着的生命的火焰，“红色”无疑是喜庆的象征。后来，人们对人的好恶也用“红色”来表示，像是受爱戴的关公是红脸，奸诈的曹操是白脸。

汉朝时，汉高祖称自己是“赤帝之子”，赤就是“红色”。

中国人的爱红随处可见。每逢喜庆，老百姓都有搓红团分送亲友的习俗，过年时做的年糕上也喜欢点上红点；婴儿满月时则要做红鸡蛋馈赠乡邻亲友，亲朋送的礼物也都包上红纸；老人过寿，不仅寿堂上要挂红寿帐，还要做红寿桃，身穿红衣服。

有道理也好，没道理也好，中国人对红色的喜爱甚至可以说成是与生俱来的。

福字贴法有禁忌

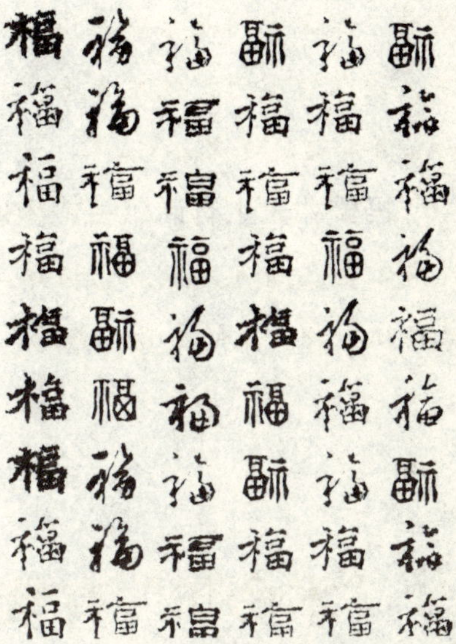

过年时，贴“福”字是由来已久的习俗。贴上“福”字，以图吉利，寄托着人们对幸福生活的向往，也是对未来的美好祝愿。

历史上传有“福”字倒贴的做法。此做法出自清代恭亲王府。

某年春节前夕，大管家为讨主子欢心，写了许多个“福”字，让下人去贴，有个下人因不识字，误将大门上的“福”字贴倒了。

为此，恭亲王福晋十分恼火，多亏大管家能言善辩，跪在地上奴颜婢膝地说：“奴才常听人说，恭亲王寿高福大造化大，如今大福真的到（倒）了，乃吉庆之兆。”福晋听罢心想，怪不得过往行人都说恭亲王府福到（倒）了，吉语说千遍，金银增万贯。一高兴，便重赏了管家和那个倒贴福的下人。

由上看来，倒贴“福”说成“福到”是一个美丽的错误，是一个急中生智的策略。

那“福”字该不该倒贴？哪些地方“福”字一定不能倒贴呢？

据作家冯骥才考证：

民俗传统中，倒贴福字主要在两个地方。

一个地方是在水缸和土箱子（即垃圾箱）上，由于这两处的东西要从里边倒出来。为了避讳把家里的福气倒掉，便巧用“倒”字的谐音字“到”，倒贴福字。用“福至”来抵消“福去”，以表达对美好生活的向往。

另一个地方是在屋内的柜子上。柜子是存放东西物品的地方，倒贴福字，表示福气（也是财气）一直来到家里、屋里和柜子里。

大门上的福字，禁忌倒贴。大门上的福字有“迎福”和“纳福”之意，而且大门是家庭的出入口，是一个庄重和恭敬的地方，所贴的福字，须郑重不阿，端庄大方，故应正贴。把大门上的福字翻倒过来，则必头重脚轻，不恭不正。

冯骥才先生有话：“民俗讲求规范。该轻松处便轻松，该庄重处必庄重。应当讲究，也应当恪守。规范具有约定俗成的合理性，而且它又表现出一种文化的高贵和尊严。由此而言，大门上的福字不宜倒贴。”

“本命年”有禁忌

你知道“本命年”的禁忌吗？“本命年”在民间有着广泛的影响，人们都信奉“本命年”挂红辟邪躲灾的习俗。

在传统习俗中，“本命年”被认为是一个不吉利的年份：“本命年犯太岁，太岁当头坐，无喜必有祸。”红色代表吉祥，因此在“本命年”红色就更为人们所钟爱。

每逢“本命年”，汉族北方各地，不论大小都系上红腰带（俗称“扎红”），穿红内衣裤，佩戴红绳。红绳可以系在手腕上、脖子上和腰间，一般是戴到新年再取，绳子上可挂玉饰或金饰。

这里特别要提一下，红色内衣、内裤一定要是别人送的，因为据说如果自己买的话就会失去辟邪的功效。还有要垫上红色鞋垫，寓意好运从第一步开始。

人逢本命年还有拜祭“本命神”的风俗，以求延寿。对于本命神，有的地方叫“本命守命星君”，有的叫“本命元辰”，统称为“六十甲子神”。以甲子年为首，六十年内不同年份出生的人都能找到属于自己的本命神。道教认为修真炼性须致力于本命元辰，“本命年”或平常年份礼拜本命元辰，能够消灾获福。

民间有“本命年”不宜结婚的说法，认为人的命运十二年一个运程周期，“本命年”犯太岁为坎儿年。然而依照中国传统命理讲，除了“龙”“马”“鸡”“猪”四属相不宜在本命年结婚外，其他属相是可以在本命年结婚的。

“本命年”的这些禁忌流传至今，不管有没有道理，人们避邪驱恶，祈求吉利的美好愿望是真的。

“抓周”真能试儿吗

“抓周”是旧时流行于民间的一种习俗活动。这种习俗十分古老，据史料记载，可上溯到一千五百年前的南北朝时期。

有《颜氏家训·风操》载：“江南风俗，儿生一期为制新衣，盥浴装饰，男则用弓矢纸笔，女则用刀尺针缕，并加饮食之物及珍宝服玩，置之儿前，观其发意所取，以验贪廉智愚，名之为试儿。”一期，即为一周岁。

具体做法是，在孩子刚满周岁这天，为孩子穿上新衣，使其穿戴整齐。在他（她）面前摆上各种玩具和生活用品，任其随意抓取，以此来占卜、测试孩子将来志向与前途。

小孩如果抓取笔，便认为将来是文人；抓了算盘，就认为长大后会做生意；如果是女孩抓到了头花，则认为她将来是个爱美之人，一定长得非常漂亮；如果男孩抓到了女人的头花，则认为是个贪色之人，家人在这方面就会严加管教。

《红楼梦》第二回中，就写了贾宝玉“抓周”的情节：“（宝玉的父亲贾政）要试他将来的志向，便将那世上应有之物，摆了无数，与他抓取。谁知他一概不取，伸手只把些脂粉钗环抓来玩弄。”“抓周”时贾宝玉抓取的是女儿之物，气得贾政骂他将来定是个酒色之徒。

“抓周”仪式结束后，根据结果家人、亲族就会聚在一起，共商培养大计，并委托亲朋中有识有能的人加以引导。

唐宋时代，“抓周”的习俗则更为流行。当时，富贵人家将“抓周”搞得十分隆重，不仅要铺锦席于中堂，还要烧香秉烛。这天还要设宴款待亲朋，同时接受亲朋的礼物，有的还要演戏助兴，好不热闹。

到了现在，“抓周”是大部分家庭在孩子周岁这天会进行的一种富有童趣的游戏，全家人借此增添了许多欢乐和趣味。

“长命锁”真能保长命吗

小儿满周岁时，家人会在其颈上佩戴一副银锁，称为“长命锁”，取消灾避邪，永葆平安的吉祥，意为“锁”住生命，但挂上“长命锁”真的就能长命吗?

“长命锁”的前身是“长命缕”，又叫“寄名锁”。佩长命缕的习俗，最早可追溯到汉代。《荆楚岁时记》《风俗通》《岁时广记》以及

《留青日札》等书中都有记载，汉代时期，每逢五月初五端午节，家家户户都在门楣上悬挂上五色丝绳，以避不祥。这一习俗历代流传。

到了明代，有了些许的变化，“长命缕”多用于儿童，并成为儿童的颈饰。

再后来就发展成了今日人们知道的“长命锁”。“锁”是一种起封闭作用的器具，其可靠程度深被人们所信。门、箱等一旦上锁，就只有用钥匙才能打开。把锁的用处加以引申，便可用来锁住生命，即有了寄托着人们美好愿望的“长命锁”。

人们在新生儿满百日或周岁举行的仪式中给孩子佩戴长命锁，一般要挂到成年后才取下。

为什么人们相信挂上“长命锁”就能锁住孩子的性命呢？锁的功能和“锁”字的字面意思是一个原因。还有一种说法，认为长命锁的“锁”是一种具有神力的刑具。戴上刑具，孩子自然也别想跑了，这种说法让父母希望孩子健康成长的愿望显得有点狠心。

然而，无论凭借怎样的观念，去指望一把好看的玩具或刑具似的锁来“锁”住人的生命，保佑儿童健康成长、长命百岁都不过是人的一厢情愿罢了。

但挂一把既好看又符合民众的民俗心理的锁，是没有任何坏处的。

过年为什么要发“压岁钱”

过年的时候大多人都会收到红包，称为“压岁钱”。有钱收自然是好事，但这钱可不是糊里糊涂给的，我们自然也不该就糊里糊涂地收下。“压岁钱”包含着很多寓意。

“压岁钱”原称“压祟钱”。关于“压祟钱”，有一个有趣的故事。

古时候，有一个叫“祟”的小妖，专门在大年三十晚上出来。它用手去摸熟睡着的孩子的头，孩子被惊醒后，哭声不止，接着头疼发热，变成傻子。

有一对夫妻老年得子，视为心肝宝贝。到了年三十晚上，他们怕“祟”来害孩子，就拿出八枚铜钱同孩子玩。孩子玩累睡着后，他们就把八枚铜钱用红纸包着放在孩子的枕头下边，夫妻俩不敢合眼，守着孩子。

半夜里一阵阴风吹开房门，吹灭了灯。只见“祟”伸手去摸孩子头，正在此时，孩子枕头边迸发出了道道闪光，吓得“祟”逃跑了。铜钱吓跑了“祟”，因此称这铜钱为“压祟钱”。

第二天，夫妻俩把用红纸包八枚铜钱吓跑“祟”的事告诉了邻里，一而再的传播后，大家都学着做，孩子就都平安无事了。自此，“压祟钱”便流传了下来。

长辈在年三十晚上，发给未成年的晚辈“压祟钱”，取意压住邪祟，晚辈得到“压祟钱”就可以平平安安度过一岁。因为“岁”与“祟”谐音，所以后来又叫“压岁钱”。

早在唐代，就有发“压岁钱”的先例。

唐代宫廷内，后宫妃嫔有春日散钱风俗，民间又有“洗儿钱”风俗。到了宋、元以后，春节就有了发“压岁钱”的风俗。早期的“压岁钱”是一种特制的不能流通的货币，叫“压胜钱”，它是不能买东西的。

到了明清 “以彩绳穿钱编为龙形，谓之压岁钱。尊长之赐小儿者，亦谓压岁钱”。所以，一些地方又把给孩子的“压岁钱”叫“串钱”。

近代，人们用红纸包一百文铜钱给晚辈，寓意“长命百岁”。对已成年的晚辈红纸包里则放一枚银元，寓意“一本万利”。货币改为纸币后，长辈们喜欢到银行兑换票面号码相连的新钞票给孩子，祝愿孩子“连连高升”。

是这样的，无论何时代的“压岁钱”，都有人们美好的希望和祝愿。其中寓意，是多少钱，都匹配不了的。

“认干亲”的讲究

民间习俗里，有“认干亲”的说法，那为什么要“认干亲”？“认干亲”又有哪些讲究呢？

在古代，为了让孩子免灾去病，健康成长，人们想出了“认干亲”的办法。他们相信认了干亲，孩子就多了一层保护；也有父母认为自己“命毒”妨孩子，也认个干亲。

“认干亲”本身就是为了利孩子，所以自要有些讲究，是不能随随便便就认的。

有些地方干亲一定要认常或刘姓，取“长”、“留”的谐音，意喻孩子能常在，能够留住。还有人拜场为干娘、碌碡为干爹。碌碡即为石磙子，坚硬结实，命硬之意；场为平坦的空地，场谐音“长”，取长命意。也有人寻找与本姓谐音同类的姓氏给孩子认作干亲，譬如孩子姓杨、侯的，多认姓马、朱、牛的人为干亲。

“认干亲”的习俗在我国南北方都有，北方叫“认干爹干妈”；南方叫“认寄父寄母”，又俗称为“过房爷房娘”。

另外，我国一些少数民族也有“拜干亲”的习俗，像是土家族就非常有代表性。

土家族的小孩除了寄拜给别姓之人作为“干儿子”“干女儿”之外，

有些人家的小孩还拜树木、岩石、水井以及猪、狗、鸡等物为亲，并以所拜之物为小孩命名。男孩一般被谓之为“岩保”“水保”“猪保”“鸡保”等；女孩通常被取名为“岩妹”“水妹”“狗妹”“鸡妹”等。

在土家人看来，只有将小孩寄拜给他人或事物，才能消除灾星，而双拜就更利于小孩顺利成长了。

“认干亲”的习俗，出于小孩好养和顺利成长的愿望，是人们情感的寄托。

房前屋后细心栽树

人们喜欢在房前屋后种上几棵树，即能美化环境，又能陶冶性情。但是，什么地方栽什么树，民间是很有讲究的。

民间有俗语：

门前一棵柳，珍珠玛瑙往家走。

门前有棵槐，金银财宝往家来。

门前栽种柳、槐能招进钱来，这样门前是栽种它们为好的。

庭院之中，植什么树，栽什么花，也有讲究：

前兰后桂庭牡丹，迎门松竹梅耐寒。

影壁墙上爬山虎，金银菊花门窗前。

刺梅不是庭中物，除去丁香留金兰。

小桃花开红似火，月下夜赏斗颜鲜。

这些花草树木，有些是从审美情趣出发，如“前兰后桂庭牡丹，迎门松竹梅耐寒”；有些是根据位置需要安排的，如“影壁墙上爬山虎，金银菊花门窗前”。

人们最忌讳的是门前栽桑，院中植杨，屋后种柳。谚云：“前不栽桑，后不栽柳，院中不栽鬼拍手。”桑与“丧”音近，民间忌讳；柳与“流”谐音，屋后植柳，有金钱财宝流出之意；“鬼拍手”即是杨树，民间又叫“呱嗒手”，刮起风来，杨树叶子“哗哗”响，噪得人心烦，也易为盗者遮音，所以院中不可植种此树。

这些都是民间的俗信。

在湖北云梦睡虎地11号秦墓出土的竹简中，有门前植桑的记载：“一宇二内，各有户，内室皆瓦盖，木大具，门桑十木。”意思是说，堂屋一间、卧室二间，都有门，房屋都用瓦盖，木构齐备，门前有桑树十株。

可见，至少秦朝前，云梦一带并不忌讳门前植桑。蚕茧之乡遍地皆桑，也不见谁的房前屋后少桑的。这样看来，民间的俗信并不是为所有人所尊崇。

然而，人的求吉心理与生俱来，在没有外在必须的因素限制时，人们是会选择坚守俗信的。

十二生肖为何没有“猫”

人们使用十二生肖来纪年已有很久的历史。

作为十二生肖的动物皆是我们熟知的，它们与我们日常生活和社会生活相接近。如中国人传统的象征性吉祥物——龙；已被驯化的“六畜”，即牛、羊、马、猪、狗、鸡；被用以作为图腾来崇拜的虎、蛇；或爱或憎的兔、猴、鼠。

可是，为什么最为我们熟知和常见的猫却不在其列？这一问题很早就被人发现了，也有了不少的说法，其中最为可靠的说法是“中国古时无猫”。

据考证，至少在南北朝时，就有了十二生肖纪年法的使用。十二生肖的说法起源于夏代发明的天干地支理论。之后，十二生肖与地支的相配体系才固定下来。

古代关于“猫”的记载，都是生活在野外的野生猫。如《礼记》中所说的山猫，《诗经》中有“有熊有罴，有猫有虎”的句子，这里说的是豹猫。

家猫原产自埃及，原身是印度的沙漠猫。现在见到最早的家猫捕鼠图，是在东汉古石墓中发现的。由此可推知，印度猫进入我国的时间大约是在东汉时期。民间传说沙漠猫由唐三藏自印度带回，养猫也在唐代普及开来。

由上看来，十二生肖的产生早于家猫来到我国有近千年之久，所以“姗姗来迟”的猫自然是不会被列到十二生肖之中。

有一种说法可以让猫聊以自慰。依照动物学的分类，老虎属于哺乳动物、食肉类、猫科。虎和猫其实有“本家”之亲，这样有虎在的十二生肖，猫也就不用遗憾了。

喜鹊真能预兆喜事吗

“出门喜鹊叫，必有喜事到”自古以来人们视喜鹊为吉祥的象征。那么，喜鹊是凭什么被人们视为吉祥之鸟的？它是否真能兆喜呢？

人们喜爱喜鹊，最主要的原因当属它的叫声。清晨，打开门窗，枝头喜鹊鸣叫，“喳、喳、喳”的声音，简单且清脆响亮，给人一种欢快的感觉。喜鹊在鸣叫的同时，尾巴也随之上下翘动，活泼动人惹人喜爱。似乎在向你声情并茂地述说着某种祝愿或喜讯。见到这样的情状谁能不喜爱呢?

喜鹊有漂亮的体态。它体长约40厘米；头和后颈呈亮黑色，背为灰色；翅膀和长长的尾巴呈天蓝色，下体有黑、白两种，其余部分都是黑色。由于它的尾巴较长，站立走动时为保持平衡，点头翘尾，显得十分活泼。

喜鹊不避人类，昼行夜伏，与人们“日出而作，日落而息”的生活规律相同。因此，人们愿意把它当做朋友。

另外喜鹊是益鸟。它常在山脚林边、城市村庄周围的大树、屋顶和庄稼地里活动，一到清晨，它们便出发去旷野、田地、菜园觅食，吃些蝗虫、蝼蛄等植物及农作物害虫，同时它也以杂草的种子为食。

最后，人们的偏爱应源于它的名字。它的名字里有“喜”字，是个吉祥的名字，能讨得人们的欢心。民间喜欢用吉利语给所谓兆吉的东西命名，也喜欢用这些吉利名字或一些动物的吉利谐音来充实和丰富自己的精神文化生活。

综上看来，人们喜爱喜鹊就不足为怪了。至于真能不能兆吉，人们是不会去追究的。

民间“破财消灾”的说法，准吗

现在，我们遇到不幸，遭小偷或是丢了钱包，常拿来“拿钱消灾”一说自我安慰一下。其实，在古代这一做法也已经不新鲜了。但这种说法准吗？真是丢了钱财后就会免去一些灾祸？

旧时“破财消灾”的说法颇为风行。

例如，遇到疾病久治不愈，人们便去求巫婆，花点许愿钱，以买来身体康复；家中屡遭坎坷事，视为不顺，可用钱办道场以破解，换来时来运转；遇到官司之事，也是破财之事，用钱物疏通关系，或是以钱物作为赔偿手段，以求免得牢狱之灾；老年人身体不好，儿女们可以凑上钱买些纸香焚烧，以贿阎罗，来给父母“买寿”；甚至犯人也可花钱买到减刑、假释。

也就是说，钱可以消去很多灾祸，很多事情都可以借着“破财消灾”的说法化解。

这么神通的说法从何而来的呢？

一般认为是源于佛教教义的真、善、忍。佛教认为，钱可以给自己“消业”，积德、累计行善，最后获得一张通往极乐世界的通行证。一个恶贯满盈的人如果一直做善事，不断施舍与捐赠，帮助穷苦的人家，就能“放下屠刀，立地成佛”，以前做过的恶事就一笔勾销，死后阎王也不会计较。好人也好，坏人也罢，积德、行善的变相说法就是疏财。

另一方面，也来自民间根深蒂固的财与义对立的观念。民间认为，有钱财之家往往是靠非正常劳动得来的，攒钱聚财的过程，就是丢掉良心、作孽的过程，故曰“无商不奸，无奸不商”。这样对于丢掉良心最好的平衡就是“破财消灾”。

由此看来，“破财消灾”是一种变相的取得自我心理平衡的做法，这个说法没有任何根据，但却被很多人信奉，不过又是一个求吉的心理，好人求多福，恶人求消灾。

中华民族因何专崇黄色

在中国人的心目中，“黄色”是至高无上的，这点谁都不会质疑。

但中国人为什么独崇“黄色”呢?

“黄色”是我国封建统治者最为重视的颜色。“黄色”被视为封建皇权的象征，如古代帝王登基之时，就要以黄袍加身；古代的宫殿都是红墙黄瓦。

长期以来，“黄色”为统治阶级所垄断，终于使全天下的臣民对黄色持有特别崇尚的感情。

另外，学者们也对这一独崇做了科学的考证。他们认为，黄色乃中和之色，它介于黑白赤橙之间，是诸多种颜色的中央之色。这种中和色与中华民族的性格相吻合，因此而被中国人选为高贵之色。

中国自古以来就是农耕社会。华夏民族世代居住于黄土高原，人们以种庄稼为生，视土地为本，对黄土大地有着深厚的依恋与崇敬。这种依恋与崇敬定格成了中国人心中的黄色情结。《说文解字》曰：“黄，地之色也。”《考工记·画绘之事》：“地谓之黄。”既然如此，黄土地养育的子孙岂有不崇“黄色”之理?

中国人称自己是炎黄子孙，离开时也称是赶赴黄泉，一生都结缘“黄色”。

何故避“四”

“四”本来是一个很平常很普通的数字，但是因为与“死”同音，它便有了洗脱不了的晦气，人们禁忌用它。

人们忌讳把“四”用在人或事身上，他们认为在人表示“死亡”，在事表示没有前途，没有希望。人们不选带“四”的电话号码、车牌号码，所盖的楼层上面不命名四楼，办喜事选日子这样大的事就更避开“四”了。

在台湾，医院里不设四号楼、四号病室，没有四路公共汽车，机动车牌照尾数没有“94”。“四”为死，病房里是最忌讳的，“94”与“碾死”谐音，也是谁都不会用于车牌号的数字。

温州俗谚说：“在世不祝四十，死了不祭四七”。因为四十谐音“死日”，所以民间有忌讳四十岁做生日的习惯。

香港人对“死”字也很害怕，故凡带数字“四”的任何事物都在忌讳之列，门牌号常常没有“四”号，汽车牌号如果碰上“四”字头，那算万分倒霉，怎么也不肯要。

数字忌讳是很不科学的，但却有很大的影响力，数字“四”已经被推离我们生活很远了。一个数字能有多大的关系，又有多大权力，它能做得了什么的主，它什么都改变不了。

但事至如此，我希望，当“四”从我们生活中销声匿迹后，我们没有遗憾。

“六六大顺”因何故

在酒令中有“六六”一词，是“六六大顺”之意。在我国北方一些地区，有“六月六，走罢麦”的俗语，亦有“六六绿”的说法。

追溯其原因，六月六日前后，农忙结束，正处于农闲阶段，是探亲的最佳时期。这一天女儿要回娘家，也就被称为“回娘家节”。如果天气好，太阳光较强，在这一天很多人家都会把大红大绿的衣服拿出来洗晒，到处呈现出一派祥和之气。

可为什么是“六六大顺”不是“七七大顺”“八八大顺”呢?

“六六大顺”应该是来自《易经》，《易经》中有“六爻”之说，六爻与六爻相重为一别卦，可能是其中一卦为顺利之意，因此就有了“六六大顺”的说法。

另有一种说法认为，“六”与“溜”“顺溜”谐音，两个“六”就是特别顺溜。“六”和“顺”有什么关系?这应当来源于“三三不尽，六六无穷”。在我国传统观念中，“三”是个可以无限延伸的数字，“三”的倍数也具备了同样的性质，如“六合”“九天”“十八”“一百零八好汉”，这些数字其实都有极其“大”的含义。

现在，一提“六六大顺”，跃于人们脑中的就是好运无穷，这已无需任何别的旁证。

何故讨厌乌鸦叫

乌鸦古名乌，民间通俗的叫法是老鸹、老鸦，又叫“黑寡妇”。

民间认为它是不祥之鸟，这一观念由来已久，至于始处，我们无法进行确切的考证。

但有则故事，这里可拿来与大家分享。

相传春秋时，鲁国有个能听懂鸟语的人，名叫公冶长。他出身贫困却不去挣钱，闲居家中，致使自己没有东西可吃。

有一日，有一只老鸦飞临他家，叫道：“公冶长，公冶长，南山有只大绵羊，你吃肉，我吃肠。”公冶长听后寻到山里，果然找到了一只无主的大羊，食之有余。后来失主追踪而至，将公冶长告上官府，最后公冶长被逮捕入狱。

公冶长蒙受了不白之冤，人们为他报不平，认为那只老鸦为公冶长招来了灾祸。从此，乌鸦就被视为招灾引祸的不祥之鸟。

这也不乏被视为是个有趣的传说，民间的想法一向丰富。

人们讨厌乌鸦的终归原因应该在它自身。

首先，乌鸦的叫声凄厉单调，惊人刺耳，有悖人们的审美习惯；其次，乌鸦浑身上下漆黑一片，像个幽灵，又像是人们治丧时所穿的黑孝衣；再有，乌鸦除食昆虫、谷实草种外，还偏嗜尸肉，贪食腐尸，经常环绕死尸旁；最后，乌鸦常栖于庙堂、坟场，晨出求食，暮时而返，结阵如阴云，似乎沾了妖气鬼魄，有通告人们死亡的权利。

有史料记载，周武王时期，武王在率八百诸侯过黄河伐纣王时，见一只乌鸦落在大帐上，便以为出师不利，是上天不让自己在这个时候讨伐殷纣，于是便收兵而回；隋炀帝见一只乌鸦停在幄帐上，赶也赶不走，便以为非常晦气。

到了清朝时，乌鸦被当做凶征，是得罪不得的。《清稗类钞》有载，康熙某科乡试，华亭董含出闱后返里，一日，忽有群鸦数千头，飞绕其居宅，晓夜屯宿，声喳喳，驱之不去，“家人咸以为不祥，村夫辈且谓鸦噪，主凶征也。”

时至今日，民间对乌鸦的“呱呱”叫声已非常厌恶。

民间有“乌鸦头上过，无灾必有祸”的俗语，如果出门办事，乌鸦一叫或当头飞过，这是很大的晦气，该办的事暂且不办，尽量足不出户，小心谨慎，以防不测。

“左眼跳财，右眼跳灾”灵验吗

民间用眼跳来占卜吉凶：

左眼跳财，右眼跳灾；

左眼跳福，右眼跳祸；

左跳喜，右跳愁；

左跳发，右跳杀……

总结起来是“左眼跳财，右眼跳灾”。由于受男左女右的古老原则的影响，女子眼跳左右则恰恰相反，说成是“右眼跳了是财宝，左眼跳了是祸害”。

既然眼跳能预兆灾祸，那么就要采取措施预防，民间流行着两种方法。

一是改变兆示的说法，说成“左眼跳财，右眼跳来”“左眼跳财，右眼跳福”“眼皮跳，眉毛睃，不是喝酒就是吃馍馍”。

二是直接采取行动来遏制灾祸的发生，如用一小节儿秫秸篾片、黄草秆，或用白纸片沾上唾沫，粘在跳动的眼皮上，取意“白跳”。

《清稗类钞》就记有“目颤粘麦草”一事：王氏妇偶于右目粘一麦草，或骇而向之，则曰：“右目肉颤，则将得殃。俄顷右目颤，故为以此厌胜也。”

可“左眼跳财，右眼跳灾”的说法灵验吗？我们能当真吗？

古代人们对眼神经因疲劳而偶尔出现的障滞不明白，不能进行科学的解释，而以为是异兆，便有了兆祸、兆福之说。

实际上，眼皮跳分为生理性和心理性的，前者一般很快就会过去，有时候也会持续几天；而后者比较严重，呈进行性发展。

细分析眼皮跳之所以有吉凶预兆，应该主要是来自人们对自身的敏感与警觉。

人身体一旦出现不适，往往就会有很多的猜想；如果正碰上有心事，神经过敏，自然担心祸事降临。越担心疑虑，越神不守舍，心不在焉，越屡屡出错，最后就“祸”至了。

“夜猫子进宅”是“无事不来”吗

俗语有话：“夜猫子进宅，无事不来”，这句话有科学依据吗？夜猫子之来又为何事？

夜猫子是猫头鹰的俗称，它是一种猎食性鸟类。在民间，夜猫子被当成一种不祥之鸟。早在几千年以前，人们就很讨厌它，说它是“恶声之鸟”。

夜猫子最引人注意的特征便是它凄厉的叫声和恐怖的笑声。民间归纳出的“四大难听”之音：“老母猪叫，夜猫子笑，打磨新锅，锉锯条。”这证实了夜猫子声音之恶。

史书记载，西汉贾谊见到一只夜猫子飞进他的宅室，便打开占卜书，书中说，这种鸟飞到宅室，预示着主人将要死去。有一只夜猫子停在了一人家的院中槐树上，这家主人便让人将它射下来，但这个主人两天之后也便死去了。

民间有俗信“夜猫子进宅没好事”，夜猫子之来兆示主人病灾死亡。所以，只要发现夜猫子进了宅院，或在宅院周围，人们便马上赶走它，或者打死它。

人们讨厌夜猫子是有缘由的。夜猫子昼伏夜出，习性似鬼，像个幽灵，也被称为“黑游神”；夜猫子栖居在荒丘丛棘之中，或坟墓里面，容易接近游神野鬼，阴气很重。

然而，“夜猫子进宅，无事不来”的说法是有科学依据的。

夜猫子是夜行肉食性动物，它要是进到宅里，多半是被猎物吸引而来的。夜猫子的停留、定居与否，是与一个地方鼠类数量的多少有相当密切关系的。

所以，夜猫子要是“进宅”了，那宅里的鼠类必定猖獗，是为“无事不来”。

有时我们会称夜间不想睡的人为“夜猫子”，这一活泼的称呼，让夜猫子的恶的形象有了些改观。

“黄道吉日”真的吉利吗

“黄道吉日”在民间被认为是一个万事皆宜、不避凶忌的日子。因此，人们选定这个日子来进行结婚、殡葬、祭祀、建房、动土等重要事件，可“黄道吉日”真的吉利吗?

“吉日”一词毋庸置疑，即是吉利的日子。

“黄道”是个天文学名词，最早起源于古巴比伦，后传入古希腊。公历纪元左右又从希腊传入印度，在隋唐时期随着佛经的翻译传人了中国。

“黄道”的概念具体来讲，就是以地球为坐标，太阳在天上位移的路径。这条路径是波形的，其中夏至时太阳落在波形曲线的最高点，冬至则坐落于最低点。

由于太阳本身是在不停自转和公转的，它每天所在的位置都不同，每在一个位置，都会与周围的天体构成一种组合。据说组合成的图形可以影响地球上的人，有时是好的影响，称为吉；有时是坏的影响，称为凶。当太阳走到黄道某个位置上，并与星图形成吉祥影响力时，就是所谓的“黄道吉日”。

民俗上说，天上的神煞分为黄道和黑道，共十二位，有青龙、白虎、明堂、天刑、朱雀、金匮、天德、玉堂、天牢、玄武、司命、勾陈。其中青龙、天德、玉堂、司命、明堂、金匮称为六黄道，当这六位神出现在同一天的时候，这一天就是所谓的“黄道吉日”了。

“黄道吉日”的说法有一定的迷信思想，但它代表着人们对一切美好事物的愿景，充满着人们纯朴而虔诚的愿望，所以长期以来都没有被忽略。

那些“触霉头”的话

民间有犯忌讳的话，出口即是“触霉头”。那么，哪些话是“触霉头”的话呢?

为人们所崇拜的。如天界、冥界、神祇，人们对它们往往怀有敬畏的心理，常常避开这些字眼。在不得不说的时候，就必须加上“爷”“老爷”“娘娘”“奶奶”以表敬惧，如老天爷、送子娘娘、山神老爷、阎王老爷。苏州人称“鬼”为“徐大老爷”。

人们爱憎的。如黄鼠狼、刺猬等，人们称它们为灵善动物，视为“仙家”，供奉甚恭。对虎等凶恶动物也禁直言，虎有大虫、山神爷、大猫、巴山子等别称；狼称为大口、老麻子、犸虎、张三等；称蛇为长虫、长长、小龙、鳅鳅；称鳖鱼为甲鱼、团鱼。

人们是禁忌疾病与死亡的。未成年人一说“腰疼”，成年人便马上接话说：“小孩儿没腰，不疼。”这是民间对疾病讳深莫及的心理表现。即使真的生了病，也不出口“病”字，借言说：不好受、不合适、不愉作、不好、不大好。

不得劲儿、不方便、不行、有材毁、耳背、耳沉、眼色不好等指代残疾缺陷。“死”是人们认为的不吉利语，平时不准说，逢年过节，就更忌说了。死鱼、死鸭可说成“文鱼”“文鸭”，文，不动也。人们还忌讳说死尸，故称停放尸体为“停丧”，用“丧”指死了人。“尸”称为“灵”，停放尸体的地方叫“灵堂”，守尸体叫“守灵”，抬尸出殡叫“起灵”。

破财的话是生意人不爱听的。生意人以赢利为目的，最忌讳“蚀”“数”“耗”等字眼。“耗”意为尽，商家大忌，故言耗子为“老鼠”；“数”谐音“输”，在广东方言中书、丝、狮、猪与“输”同音，也成为忌讳，所以通书改为“通胜”“通赢”，丝瓜改为“胜瓜”，金狮改为“金利来”，猪头改为“利是”，猪耳朵为“顺风耳”。商家忌“蚀”，蚀本谐音折本，不吉利。

在南方将“舌”说成“招财”，如牛舌称为“牛招财”。北方则取直意叫作“门枪”“口条”等。

油条是秦桧夫妻

豆浆、油条是我们常有的早餐安排，你经常吃“油条”，但你知道“油条”的来历吗？“油条”不但好吃还很解恨呢。

相传在南宋年间，宰相秦桧外通金国，在于外敌议和后，开始迫害岳飞等忠臣。

在将岳飞逮捕入狱后，秦桧因没有罪状而无法治罪于岳飞。其妻王氏一向阴险狡诈，最后他们狼狈为奸定下了毒计，在风波亭将精忠报国的岳飞害死，后又以“莫须有”的罪名回应朝中大臣们的质疑。

消息被老百姓知道后，他们个个义愤填膺，酒楼茶馆，街头巷尾，都在讨论这件事。一天，杭州城内的芝麻葱烧饼摊和油炸糯米团摊，在早市散后，两个摊主一起谈论秦桧害死岳飞的事情。谈来谈去，两人都非常愤懑，就想用一种方法来表达自己对这件事的看法。

想来想去，其中一个想到了一个办法，只见他从面板上弄了两个面疙瘩，揉揉捏捏，捏捏团团，不久就捏成了两个面人。一个吊眉无赖，一个歪嘴刁婆。他抓起切面刀，往那吊眉无赖的颈项上打横一刀，又往那歪嘴刁婆的肚皮上竖着一刀。

另一个看到这后，认为还不够发泄，他跑回自己摊子去，把油锅端到烤烧饼的炉子上，将那两个斩断切开了的面人重新捏好，背对背地黏在一起，丢进滚烫油锅里去炸。一面炸面人，一面叫着："大家来看油炸桧啰！大家来看油炸桧啰！"

过往行人听见"油炸桧"，觉得好新鲜，都围拢过来。大家看着油锅里有这样两个丑人，被滚油炸得吱吱响，就明白是怎么回事了，也跟着喊起来："看呀看呀，油炸桧啰！看呀看呀，油炸桧啰！"

这一做法充分发泄了人们心中的愤恨，于是人们争相仿效。经历了很多的演变，出现了现在各地小食摊上的"油条"。

至今，有些地方仍把油条称为"油炸桧"，而不知情的人们也每天吃着油条，中国人对秦桧这一奸臣的愤恨在永远的继续着。

是哪"五福临门"

吉利话中我们常常说到"五福临门"，但你知道临门的是哪"五福"吗?

"五福"的说法见于《尚书·洪范》。

"长寿""富贵""康宁""好德""善终"，即寿、富、康宁、好德、善终是人生的"五福"。人生纵有千万种追求，"五福"便概括无余了。

长寿说的是寿命绵长；富贵说的是钱财富足而且地位尊贵；康宁说的是身体健康而且心灵安宁；好德说的是生性仁善而且宽厚宁静；善终说的是生命将结束时，没有遭受横祸而且心里没有挂碍和烦恼，安详满足地离开人间。“五福”是一个人一生的全部的追求概括。

“五福”组合成人生的幸福美满。其中任何一项的缺少都会出大问题。例如有的人虽然长寿却没有福气，有的人长命百岁却贫贱度日，有的人富贵却命不长，有的人富贵但健康情况不佳，有的人身体健康却为贫穷烦恼，有的人一生贫贱而善终，有的人富贵长命最后却遭横祸，有的人虽然生活富贵却十分操心，有的人长命有福气、健康有好的德行却未得善终……

人生不同境遇远非想象所能数尽。因此，“五福”全聚是完美的人生，也是难求的一生。

“五福”难得，一句吉利话，却足够暖人心，人间境遇难测，然而人们却抱着希望追求着美好。

年夜饭为何关门躲着吃

古时，年夜饭是关门吃的，你知道为什么吗？

除夕夜的晚饭叫“年夜饭”，又称团圆饭。现在，我们中的多数开始倾向于去餐厅酒店等地吃年夜饭，然而，古时人们是不敢这样做的。

传说古时候有种叫“年”的怪兽，头长触角，凶猛异常。“年”常年深居海底，每到除夕就会爬上岸，吞食牲畜伤害人命。百姓都很怕它，把它出来这一夜称为“年关”。

为了躲避“年”，人们提前做好晚饭，熄火净灶，栓牢鸡圈牛栏，封住前后门。因为谁都不知道自己有没有下一顿饭吃，所以晚饭很丰盛。吃饭前先祭祖祈求保佑，然后，就躲在屋子里团坐一起，悄悄地吃有可能是自己的最后晚餐。

饭后，大家也不能安心去睡，挤坐一起闲聊壮胆，后来就逐渐形成了除夕夜守岁的习俗。

没了“年”的威胁，人们就随意了，现在兴起了年夜饭外面吃的潮流。其实，团圆饭即是一家人团团圆圆地一起吃饭，家是所有家庭成员的共同体。年夜饭不在家吃，就有了漂泊的意味，团圆的意思也就谈不上了。

所以，本人还是倡导年夜饭家里吃的，虽然操持起来累了点，可谁能说那累不是种甜呢?

新郎新娘拜堂中的三拜寓意什么

在我国传统婚礼上，举行新婚仪式时，新郎、新娘要拜堂，这是不可缺少的重要步骤。其程序一般是一拜天地，二拜高堂，夫妻对拜。

拜堂为普通百姓所接受并被虔诚地信任。那么，拜堂中的“三拜”有什么寓意呢?

世界上的事物概括为天、地、人三类。人虽然是万物的主宰，但在先民的思想和生活经验里，天地才是生产生活的承载者。我们的一切都来源于天地，例如风调雨顺、健康成长、空气清新、河水纯净、阳光明媚等，都是天地给予我们的恩赐。

既然我们得到了天地这么多的恩惠，那么我们在结婚时就应当首先感恩天地。最先拜天地表达了人们对天地的无限感激，同时也祈望天地能够保佑我们生活幸福、儿女能平安健康、事业能一帆风顺。

拜完天地，在众生中，父母应是我们最该感谢的人，是他们给了我们生命，是他们抚育我们长大成人，也是他们助我们成家立业。我国传统文化中极其重视孝道，甚至有法律条文把孝敬父母规定下来。所以，我们结婚时也要感谢父母的。谢谢他们给予我们的一切，也默默许下将来好好孝敬他们的诺言。

夫妻是建立新家庭的基本要素。这重要的一拜，包含着夫妻间相敬如宾、互敬互爱的承诺。

拜堂中的“三拜”，包含了新郎、新娘对天、地、人的感恩，是种朴素虔诚的思想。

“嫁汉，嫁汉，穿衣吃饭”这是追求吗

女人嫁汉，难道为的就是穿衣吃饭?

原来，同民间俗语“嫁鸡随鸡，嫁狗随狗”一样，“嫁汉，嫁汉，穿衣吃饭”是古代女人无力更改的命运。

传统社会里，女孩子长到十七八岁的时候，就是当嫁之龄了。会根据自家及个人的情况，透过媒婆的穿针引线，嫁给一个自己未曾谋面的

男人。成为人家媳妇后，穿衣吃饭的问题有了一个新的依靠，在家务劳动中她与她的男人共同支撑家庭的生活负担。

在当时，平民百姓家的女儿都是如此，于是自然地形成一句“嫁汉，嫁汉，穿衣吃饭”的俗语。这句俗语，揭示了古时普通人家的妇女没有权利，没有地位，不能独立自主的处境。

封建意识里男尊女卑，女子必须严守三从四德，不得随意抛头露面。女子出嫁后，无论丈夫好坏，都要永远跟从。

对于只能围着锅台转的古代女性来说，所谓的自由，就是侍奉和照顾一家老小；所谓的希望，就是衣食温饱和一生平安，没有其他的奢求和愿望，有也是在痴人说梦。

女人在这潭不起波澜的死水中生活了几千年，也被封建礼教迫害了千年。

现在，没了封建传统，妇女的地位权利有了新的内容，新的起点。女人可以依靠自己得到想要的。“嫁汉，嫁汉，穿衣吃饭”已是女人永不复的历史。

男左女右

在我们的日常生活中，“男左女右”，已经约定俗成。它渗透到我们社会生活的各个方面，上公共厕所，“男左女右”；戴婚戒，男左女右；夫妻二人出席某些礼仪场合，男的往往在左边，女的在右边……

其实，早在二千多年前的战国时期就有了“男左女右”的习俗，它源于我国古代哲学。

古代哲学认为，宇宙中通贯万物的两大对立面是“阴”和“阳”。自然界的事物有大小、长短、上下、左右等等。古人将它们归类，分大、长、上、左视为阳，小、短、下、右视为阴。阳象征刚强，阴代表柔弱。取相似性，男为左，女为右。

这一习俗延续至今，形成社会生活中的一种传统习惯。如在排座、照相、服装等等都习惯以“男左女右”为序。在传统礼教中，左为上，象征尊严和力量；右为下，象征温柔和体贴。因此，就有了佩带戒指时“男左女右”的讲究。

然而，“男左女右”思想的约定俗成，却是千百年来男尊女卑传统的使然。

另外，在中医应用上，“男左女右”被认为有实际的科学意义，它表示男女生理上的差异。中医诊脉时，男子取气分脉于左手，女子取血分脉于右手，即使是儿童患病，观察手纹也习惯取“男左女右”。

当然，至于“男左女右”是否真能表示男女生理上的差异，又是另一个问题了。

现在我们已经习惯“男左女右”，因此，就不准备花力气去对已然的不公平历史大喊大叫了，但历史就是历史，女性旧时的地位将永不复重来。

“家父”“令尊”两个人

书信、社交场合中，我们经常会使用谦辞和敬辞，既是礼貌的必需，又是自己学识的体现。既然是为了表现，那就不可出错了。

我们经常使用到的敬称，可以用一句话概括“家大舍小令他人”。

这句话是说，社交场合中，说到比自己大的家人，如自己的父母、兄长等，前面要加一个“家”字——家父、家母、家兄；说到比自己小的家人，如弟弟、妹妹等，就要用“舍”字——舍弟、舍妹，以此来表示谦虚；而说到别人的家人，如父母时，前面一般加上“令”字——令尊、令堂，以示尊敬。

因此，“令尊”“令堂”是对别人父母的尊称，而“家父”“家母”则是对自己父母的谦称。

这里要特别提一下“家父”“令尊”这两个词，两个人。

“家父”仅作子女对别人谦称自己父亲之用，不能想问别人的父亲身体怎么样，说成“家父身体如何？”。“令尊”中的“令”，含尊敬的意思，是称对方亲人时的敬词，不能自己称自己的父亲为“令尊”。

现在生活中我们已经很少使用到“家父”“令尊”一类的称谓了，但中国号称是礼仪之邦，中华民族的特性可不能忘，所以文化是要传承的。

这里跟大家分享一个在《中国人最易误解的文史常识》一书中看到的笑话，当是学习之余的娱乐。

有个小名叫傻瓜的男孩，有一天，他爸爸妈妈上街去了，他爸爸的一个朋友正巧来访，傻瓜去应门。客人问：“令尊、令堂在家吗？”傻瓜瞄了客人一眼，大声说：“没这个人！”客人在门前探头内看，没见到大人，很失望地离开了。

不大一会，傻瓜的父母回来了，傻瓜对爸爸说：“刚才有一个人好奇怪，他来我们家找令尊令堂，我跟他说没这个人。”爸爸听到后就告诉傻瓜说：“唉！令尊就是我，令堂是你妈妈，你是傻瓜。我们家就三个人。明白了吗？我再说一遍。”傻瓜的爸爸又说了一遍，傻瓜点点头表示明白了。

第二天，傻瓜的爸爸妈妈又外出，又是同一个客人来访，傻瓜就去开门。

客人依然客气地问：“令尊、令堂在家吗？”傻瓜回答说：“唉！令尊就是我，令堂是你妈妈。”客人往门里看看又没大人在家，也就没理会傻瓜要离开了，才一转身，就听到傻瓜说道：“你是傻瓜。”

“内子”是指你夫人

“内子”专指你的夫人。

清代诗人张问陶《十二月十日发成都留别内子》之一说：“敢厌年年万里行，故园无地可归耕。雪窗夜话卿知我，久似高柔少宦情。”他另有《得内子病中札》一诗，诗曰：“同检红梅玉镜前，如何小别便经年？飞鸿呼偶音常苦，栖凤将雏瘦可怜。梦远枕偏云叶髻，寄愁买贵雁头笺。开缄泪浣销魂句，药饵香浓手自煎。”

张问陶与妻子感情跃然诗里，出行前“雪窗夜话”后，获得了深切理解才离开；妻子病了，他为之泪流魂销，诗中字

字句句都饱含着对妻子的深情。可见，夫妻感情的深厚。

“内子”是丈夫在别人面前提到自己的妻子时用的一个谦辞。古代还用“贱内”“拙荆”“糟糠”等称呼自己的妻子，这些称呼的意思接近于今天的“爱人”“夫人”“老婆”“老伴”……和今天的“爱人”“老婆”等称呼相比，“内子”少了一份肉麻，多了一份谦逊。这一点也反映了古人谦谦君子的作风，是涵养和谦逊的表现。

“内子”相对于“外子”而言，外子是妻子用来称呼丈夫的。当然，在古时，女子很少有自己独立社交的机会，这也是“外子”为多数今人所不知的原因。

“乔迁”只能说别人

迁居、升官都是喜庆之事，我们称为“乔迁”。“乔迁”是祝贺用语，那祝贺的是自己还是别人呢?

“乔迁”一词，来源于《诗经·小雅·伐木》：“出自幽谷，迁于乔木。”意思是说，鸟飞离深谷，迁到高大的树木上去，也就是说鸟从阴暗狭窄的山谷之底，忽然跃升到宽敞的大树之顶。这里，鸟儿完成了一个迁居过程，是由不好的环境到了好的环境，是要被祝贺的。

由该诗的出处可知，鸟“迁”到“乔”，古人将“乔迁”又作“迁乔”。如刘孝绰《百舌咏》中说：“迁乔声迥出，赴谷响幽深。”李峤《咏莺》也有：“写转清弦里，迁乔暗木中。”说的都是事物由一个不好的环境转到了好的环境。

知道了“乔迁”的出处，我们就要分析一下它使用的对象了。中国人是不好意思自己夸自己的，自己祝贺自己也是在心里暗自高兴，是不会动用言行的。现在中国人依旧谦逊，“乔迁”既有祝贺之意，就不适合说自己了。

“乔迁”只能说别人，意思是贺人迁居或贺人官职升迁。

不能随便请人“入瓮”

“请君入瓮”的“瓮”，可不是通常理解的圈套，或是更直白的容器，它的不随便在于“请入瓮”的做法是“以其人之道，还治其人之身”。

“请君入瓮”一语出自《资治通鉴·唐纪》：“兴曰：‘此甚易尔！取大瓮，令囚入中，何事不承！’俊臣乃索大瓮，火围如兴法，因起谓兴曰：‘有内状推兄，请兄入此瓮。’兴惶恐叩头伏罪。”

讲的是这样一段故事。

武则天统治时期，盛行严刑峻法。她手下的一批酷吏，绞尽脑汁地制造酷刑来逼供。朝野上下，笼罩着高压的恐怖气氛。

在众多酷吏中，大臣周兴和来俊臣最为有名，成千上万的人冤死在他们手下。有一次，周兴被人密告要谋反，武则天派来俊臣去审问。

一日，来俊臣请来周兴，假意问他如果犯人顽固不肯招供，他有什么好办法？周兴正巧研制出一种新方法，他便很得意地说：“用一个大瓮，把犯人装进去，四周堆满烧红的炭火。再顽固不化的人，也受不了这个滋味。”

听完此话，来俊臣便吩咐手下抬来一个大瓮，照着刚才周兴所说的方法，用炭火把大瓮烧得通红。来俊臣突然脸一沉，对周兴说：“有人告你谋反，皇上命我来审问你，请你入瓮吧！”周兴惊恐失色，只好俯首认罪。

到这里，“请君入瓮”可不是将人请入你的圈套，它是拿某人整治别人的办法来整治他自己，是以毒攻毒的做法。

2008年11月13日，为保障客运市场秩序，沈阳市行政执法局联合公安干警，打击“黑车”营运，相关人员化装成乘客，巧妙地扣住了12辆非法营运的出租车。14日的《沈阳晚报》A7版报道了此事，标题为“12辆黑出租被‘请’入瓮”。显然，此标题是不妥的。

大象把门欠考虑

现在，一些富丽堂皇的建筑的大门两侧，出现了大象把门的现象。虽然大象体型庞大，但它少了威严，而且它把门也是有违传统习俗的。

在传统文化中，一般认为，大象善于吸水，又因“水为财”，因此，凡家居大窗见海或水池者，均可称之为“明堂聚水”，这时应该摆放一只大象，以求吸纳外界的财源。同时，传统文化认为，大象禀性驯良，象征着吉祥如意，人们将它摆放家中以求全家平安。

中国传统文化讲究各得其所，名正言顺，狮子是被公认用来把门的动物。

东汉年间，狮子被西域使者作为礼物送给我国的皇帝。随着佛教的传入，备受佛教推崇的狮子成了高贵尊严的灵兽，在人们心目中它和麒麟有着一样重要的位置，开始出现在重要建筑物的正门两侧。

作为百兽之王的狮子，象征尊贵和威严。按照传统习俗，成对的狮子是左雄右雌的排列位置。这还可以从狮子蹄下所踩之物来辨别，若蹄下为球，象征威震寰宇和无上权力，为雄狮；脚下踩着幼狮，象征子孙绵延，那么这个狮子一定是雌狮。

因此，狮子来把门是有其渊源的。在漫长的历史岁月中，狮子已然成了我国建筑物大门两侧不可缺少的装饰。

用大象来把门是欠考虑的，它应该呆在院内或室内等地方。

用“胴体”称呼裸体不合适

女人裸体怎么成了“胴体”？怎么能用“胴体”说女性的裸体！

我们先来说说，“胴体”为何物吧?

《辞源》中的解释为：“屠体，家畜屠宰后的躯干部分。”《现代汉语词典》解释“胴体”的第一义项是：“躯干，特指牲畜屠宰后，除去头、尾、四肢、内脏等剩下的部分。”这样，“胴体”通俗的讲法就是，牲畜的只剩躯干的死尸。

无论是出于如何的想表达狎亵之意，去说一个女人的身体，成牲畜的无头、无尾、无四肢和内脏的死尸，都不合适吧？如果是出于贬低，那也不至于啊，更何况有些是含着美好的赞美呢。时下，媒体就经常用胴体、玉体来夸赞某女明星美好的裸体。

“玉体”在现代汉语词典（第5版）有两个义项：“敬辞，称别人的身体；指女子肌肤细润的身体。”用“玉体”称女性的裸体含有很大的尊敬之意，“胴体”也大概想表达此意吧。

在中国的传统文化里，没有人体美的空间，因此，用来称女性身体的词语就很少。也许是出于太想表现女性的裸体美的想法，也许还有其他的含义，但“胴体”的修饰都不能达到用词人想表达的意思。

想想屠宰场血淋淋的场面，想想一个只有躯干的死尸，你还会有或褒或贬的兴致吗?

“压轴戏”不在最后出

“压轴戏”是一场演出中质量最高，表演最精彩的一出戏，这点谁都没有疑问，但是它是最后出场的吗?

“压轴”本是京剧的“术语”。旧时中国戏剧社演出中，剧目少则五出戏，多则七出、九出、十一出戏不等。这里，我们以京剧一场戏五出为例。

第一出叫作“开锣戏”。顾名思义，即是开场的意思。旧时京剧演出一般是下午一两点钟就开锣唱戏。

第二出名曰“早轴”。看过了一两个小时的戏，观众都有些疲倦了，此时就要给大家“提提神”，这就该“早轴”上场了。

第三出为“中轴”。唱到现在是吃晚饭的时间了，这时会唱一出热闹戏，叫叫座儿，这是“中轴子”的作用。

第四出（倒数第二）称之为“压轴”。是全场戏的精华所在，最好的“角儿”、最硬的剧目都要放在此场演出。因为如果此时压不住“轴”，大量观众就会离开，叫“起堂”，接下来的演出就没有观众了，这在剧团是个非常可怕的失败！

第五出（最后一出）则叫“大轴”。上一场戏即是在为此场“压轴”，“大轴子”多数会安排一出热闹的武戏，火爆炽烈，既能够给大家以艺术的满足，又能够给整场演出一个美好的结局。“大轴子”戏演出后观众就散场了，因此又被叫作“送客戏”。

紧挨“大轴”的戏被称为“压轴戏”，其意为“紧挨大轴”。“压轴戏”也叫“贴轴”“倒二”，是指倒数第二出戏。

“足下”来历很悲悯

“足下”即是脚下的意思，脚下怎么反倒是对人的敬称呢？

原来，“足下”有段难忘的恩情。

春秋时期，晋国的公子重耳被逼逃亡国外十九年，颠沛流离。介之推作为随身侍从，曾在路上割下自己大腿上的肉，炖成肉汤给重耳吃。

后来，重耳回到晋国，当上了国君，即是著名的晋文公。

晋文公刚即位，就开始大行封赏，把逃难时期跟随自己的人都封了大官，这些人也毫无愧色地接受，有的人甚至还嫌官职太小，向晋文公要求更大的官。

介之推不愿接受封赏，他认为晋文公得以返国为侯是天意，如果接受封赏或争取封赏，那是“贪天之功以为己力”。于是，他便带着母亲一起隐居山林。

晋文公一直很感激介之推在自己逃难时割股给自己吃的恩情。正准备好好封赏介之推时，却怎么也找不到他。有人告诉国君介之推躲进了绵山（今在山西省介休市），晋文公就派人搜山找寻介之推。但久搜无果，晋文公下令烧山逼介之推出来，他给介之推留了条后山小道，作为他的逃生之路。

然而令人意外的是介之推竟然抱着一棵树被活活烧死了。

这个结果完全出乎晋文公的预料，他非常悲伤，抚摸着介之推死时抱着的树痛哭不止。哭完后，晋文公令人伐下那棵树，让鞋匠做成一双木屐，并时常穿着，以此纪念介之推的割股之恩，还常常看着脚下的木屐说：“悲乎，足下！”。

“足下”的本义是对一个生死之臣的怀念和感恩。“足下”一词，因典故而来，取其睹物思人，感念昔日恩情之意。

现在，“足下”是对朋友、同辈的敬称。

“岳父”自古为尊称

对妻子的父亲称呼什么？爸爸，是吧？大多数人会这么叫，平日里听到的也就是这么一个。人们似乎忘了还有“岳父”这一称，为什么呢？因为这个词看着生硬，觉得它是很远的称呼？是这样吗？

查找资料有这样的记载：古代，帝王常登临名山绝顶，并在山顶堆土为坛祭天，是为“封”；除地为坤而祭地，是为“禅”，二者合称“封禅”。

“封禅”对于每一个王朝来说，都是政治生活中的一件大事，历来都很受统治者的重视。改朝易代，帝王即位，常行“封禅”之礼，以报天地之恩，史书记载了大量这类事例。由于泰山被视为“五岳之首”，所以也就成了“封禅”之地的首选。

在唐玄宗李隆基的一次“封禅”中，中书令张说做“封禅使”。“封禅使”具有很高的政治地位和权力，于是张说就借机把自己的女婿郑镒的官职由九品迁升为五品。

举行封禅后，三公以下官员，都可以升官一级，而郑镒却一下升官至五品。唐玄宗察觉了此事，当面质问过郑镒，郑镒无言以对。旁边的同僚黄幡绰含沙射影地讥笑道：“此乃泰山之力也。”

此事流传到民间，人们认为郑镒之妻父虽然有徇私之嫌，但其对自己女婿的感情却可谓极深，于是人们就把妻父称“泰山”。又因泰山是五岳之首，又被称为“岳父”，由此妻父便为“岳父”。同时，也把妻母称为“岳母”。

这样一来，你还觉得“岳父”远，感情不够亲吗?

古代“慈母”要求高

孟郊有《游子吟》一诗，其中写道：“慈母手中线，游子身上衣。临行密密缝，意恐迟迟归。谁言寸草心，报得三春晖。”全诗歌颂了母爱的伟大，我们也不禁对诗中描绘的温馨场面产生共鸣。

母爱已无需我在这里讴歌，这里只想说一下：“慈母”曾是伤心事。

“慈母”最早出现于《仪礼》，其中有句：“慈母者，何也？传曰：妾之无子者，妾子无母者，父命妾曰：女以为子。命子曰：女以为母。”

《礼仪》中说得很清楚，要成为慈母首先要具有小妾的身份；必须没有或者不会生育（至少是没有生育男孩）；更为关键的是，丈夫必须还有另外的妾，且这个妾恰好一命呜呼，并正好遗留下一个男孩；最后还需要丈夫下达明确的指令：“你把这个死了母亲的孩子当成自已的孩子养起来吧！”

至此，这个受命养一个没了娘的孩子的小妾才算具有了“慈母”的身份。

由这些苛刻条件限定，看来能成为“慈母”不是随便哪个女人都可以的，当然也一定不是件高兴的事。

《仪礼·丧服》中有“慈母如母”的句子，这样我们就该理解了，“慈母”不是生母，慈母如生母。这里“慈母”和“慈祥”无关，“慈母”本来是伤心事。

幸好，现在“慈母”是慈祥的母亲了。后诗有：“父书空满筐，母线萦我襦。”“向来多少泪，都染手缝衣。”

不认哪“六亲”

我们称现在不重天伦，不通人情，对亲属不顾，对谁都不讲情面的行为是“六亲不认”。这里，“六亲不认”是个泛指，但最初不认的“六亲”却有指定。

历史上，对“六亲”的说法不一，但具有代表性的为以下三种：

第一种是，父子、兄弟、姑姐（父亲的姐妹）、甥舅、婚媾（妻的家属）及姻亚（夫的家属）。《左传昭公·二十五年》中说：“为父子、兄弟、姊姑、甥舅、昏媾、姻亚，以象天明。”晋杜预注：“六亲和睦，以事严父，若众星之共辰极也。妻父曰昏，重昏曰媾，婿父曰姻。两婿相谓曰亚。”

第二种以父子、兄弟、夫妇为六亲。《老子》说：“六亲不和有孝慈，国家昏乱有忠臣。”王弼注释：“六亲、父子、兄弟、夫妇也。”

第三种《汉书》中说，以父、母、兄、弟、妻、子为六亲。《贾谊传》中有：“建久安之势，成长治之业，以承祖庙，以奉六亲，至孝也。”唐颜师古注引应劭曰：“六亲，父母、兄弟、妻子也。”这也是大家普遍认同的一种说法，血缘和婚姻关系是一个人最亲近的关系。

俗语道：“秉公断案，六亲不认。”这里指秉公做事，公正办案时，不因亲属而偏帮袒护，才“六亲不认”。

现在，这种铁面无私泛用到某人升官发财后，对所有亲戚朋友都很冷淡的态度上，含贬义。

“未亡人”有性别限定

“未亡人”是件伤心事，这一词语带有阴暗、颓废意义。但悲伤至如何，我们也不该拿它随便戴。

“未亡人”有它特殊的含义，并有自己独特的要求，只有符合条件才能被称为“未亡人”。那么，称为“未亡人”除了已伤心至极，已逝去伴侣，还需要什么条件呢?

“未亡人”是有性别限定的。《辞源》和《现代汉语规范词典》以及许多辞书，都把“未亡人”解释作“旧时寡妇的自称”。《左传·成公九年》有记载：“穆姜出于房，再拜曰：‘大夫勤辱，不忘先君以及嗣君，施及未亡人。先君犹有望也！’”杜预注解道：“妇人未死，自称未亡人。”

茅盾先生《泡沫·赵先生想不通》一文有语：“赵先生听声音就知道一个是他的老二，一个是刚刚十九岁就已经成了‘未亡人’的他的大媳妇。”因此，“未亡人”也用来泛指寡妇，她既可以是他称也可以是自称。但关于“未亡人”一词有一点却是约定俗成，从来未曾改变的，那就是“未亡人”必须是女性。

所以，“未亡人”一定是遗孀。如果是一个男人逝去了妻子，不论这个男人多么悲痛欲绝，他都是不能称为“未亡人”的。

“出家”并非易事

“出家”似乎是很随便的事，只要头发一剃，衣服一换，便是皈依佛门了。但“出家”真的这么容易吗?

古语有话：“出家乃大丈夫事也，非王侯将相所能为也！”说的是，“出家”是大丈夫的事，不是将军宰相所能做得到的。

细想想，将军可以凭武功平定贼寇的祸乱，保卫国家；宰相可以凭文才学识治理政务，使国家太平。凡天下的大事，全都掌握在将相手里，怎么偏“出家”例外呢？其实要“出家”还真是件挺难的事。

古代，“出家”的内在条件具备后，还必须持有度牒。度牒就是所在朝代认可的出家资格证明，是官府发给的用以证明僧尼合法身份的凭证。度牒一般由尚书省下的祠部颁发，故亦称祠部牒。

度牒上一般写明所度僧尼的法名、俗名、身份（指明童子或行者及其职衔）、籍贯、年龄、所住或请住持寺院（入何寺院名籍）、所诵经典、师名等，并附有祠部的批文、签署日期和官署名等。僧尼有了度牒，便取得了合法的僧人身份。他们留居本寺或行游他方都不会被为难，还可免赋税和劳役、兵役等义务，并有政府的保护。

得到一本度牒可并非易事。官府为增加国库收入而出售度牒，因此买到它自不会是一笔小的开销，钱少是不能够“出家”的。

在宋代，曾有一段时间，停止印制度牒，得到它就更难了，想“出家”也便更不易。

就是到了现在，“出家”也非易事。“出家”是非常郑重的事，除发心纯正外，还有很多其他的条件限制。

曾有话:“黄金白玉非为贵，唯有袈裟披肩难”，这样看来出家是件很难的事，不是自己宣布出家就出家的。

无事不登三宝殿

俗语说“无事不登三宝殿”，其意为，没有事不会登门造访，只要登门必是有事相求。那“三宝殿”所指何物呢?

清代学者王有光解释说：“‘三宝殿’，是指“佛、法、僧”三大活动场所。”佛，指大知大觉之人；法，即是佛所说的教义；僧，指继承和宣扬教义之人。

“佛、法、僧”为“三宝”，三宝所在的殿当然就是“三宝殿”了，即是佛教信徒登场做法事的地点“大雄宝殿”，佛家珍藏经书、经典之所“藏经楼”，还有僧人燕息（指出家人睡觉）的宁静“禅房”。这三处地方，是清静高洁的佛教重地，俗人是不可随意乱闯的。

那为什么有事就登三宝殿呢?

佛教自东汉时期传入我国，经魏晋至隋唐渐渐成为普通大众的信仰。人们通过信仰佛教表达追求美好生活的愿望，这是中国这个具有浓重佛教传统国家的习俗。

又是发生了什么事才去三宝殿呢?

初一、十五是规定拜佛诵经的日子当然要去;新年、节日祈福祭天也要去;战争、灾荒、婚丧,生日、病痛……常要求神拜佛必定要去;法事,仪式,招魂必要拜佛上香、请僧人出庙,也一定要去;身体康复,考试中举、生儿育女,许愿还愿也要去……可见,无事的话,谁也不会到三宝殿叨扰的。

人们只在佛教寺庙有礼拜、供养等法事的时候才能踏进佛殿,没有事情的时候不能随随便便进入走动,这就是“无事不登三宝殿”最初的意思。

后来这句俗语被引申为有事而来,比喻没有特别重要的事就不会登门造访,只要登门,必是有事相求。

清哪六根才能“净”

佛家说“六根清净,四大皆空”,那要“清净”的是哪“六根”呢?

佛的境界,即是没有欲望,没欲望就是没有引起欲望的根本。

六根指的是眼、耳、鼻、舌、身、意,它们是心与物的媒介的根本。“清净六根”就是眼没有视神经,耳没有听神经,鼻没有嗅神经,舌没有味神经,身没有感触神经,意没有脑神经。

由六根的神经官能出发,就有了“六尘”。眼根所见的颜色和形色，耳根所听的声音，鼻根所嗅的香臭，舌根所尝的味道，身根所触的粗细冷热与湿滑等，意根所产生的无形想法，是为：色，声，香，味，触，法。

六根接触六尘而产生的判别力与记忆力，称为“六识”，即为眼识、耳识、鼻识、舌识、身识、意识。

六识发动六根而接触六尘，六尘映入六根而由六识判别及记忆保存，再从六识的记忆保存中显现出来，发动六根贪取六尘，即是成了凡夫众生所谓的“我”了。佛是没“我”的，因此，“清净六根”即是断根本，没了根本也就没了六尘、六识，进而就是一种无“我”状态。

强调一下，所谓“六根清净”，不是没有了六根，而是六根自由，是我们的生理官能不再随着外界的幻象而变化，是隔绝了外界尘埃的“无我”状态。

男女授受不亲到什么程度

男女授受不亲！男女授受不亲？男女授受不亲。

孟子说了“男女授受不亲”这句著名的话。《孟子·离娄上》：“淳于髡曰：‘男女授受不亲，礼与？’孟子曰：‘礼也。’”这句话的意思是说男人和女人的动作不要亲密，这就是礼仪。

《礼记·曲礼》中对“授受不亲”的内容作了比较具体的规定：“男女不杂坐，不同椸枷，不同巾栉，不亲授。叔嫂不通问，诸母不漱裳，外言不入于阃，内言不出于阃。女子许嫁，缨非有大故不入其门。姑姊妹女子已嫁而反，兄弟弗与同席而坐，弗与同器而食。”

规定是这样的：一家之中，共同生活的男女成员不能随便坐到一起，不能将衣服挂在同一个衣架上，不能使用同一个巾帕和梳子，不得手接手地递东西，叔嫂之间不对话，妇女不能把衣服混在一起洗。

男子在外做官，不与女子谈论政事，母、妻、女也不得参与政事。女性的家务琐事，男子亦不应过问。女子年十五许嫁他人后，除非遇到夫家有疾病、突变，否则不得进未婚夫家门，更不许与未婚夫相见。女子出嫁后回家，兄弟不得与之同席而坐，同器而食。

“男女授受不亲”到这种程度，究其原因，这是宗法社会中女性成为男性附庸品导致的结果。

宋明理学（即道学，宋明时代，占主导地位的儒家哲学思想体系）兴盛以后，士大夫之家，“男女授受不亲”已经发展到了十分变态的程度，明代的沈采在自己的作品《千金记》中，就“男女授受不亲”给出过非常具体的注解：一个女人要给男人送一件东西，她是这样做的：“自古道‘男女授受不亲’，待奴家放在地下，客官自取。”

那么，最初孟子所说的“授受不亲”是什么样的呢？

淳于髡曰：“男女授受不亲，礼欤？”孟子曰：“礼也。”曰：“嫂溺则援之以手乎？”曰：“嫂溺不援，是豺狼也。男女授受不亲，礼也；嫂溺援之以手，权也。”

孟子所说的“男女授受不亲”是开明的，当嫂子落水快淹死时，必须伸手救她，见死不救的，就是豺狼。看来“男女授受不亲”的礼节，是可以变通的。

“九拜”作何讲

古代礼仪中最为人熟知的就是“三叩九拜”，可具体说来它指的是什么？“九拜”是连续拜九次吗？

所谓“九拜”，是古代行礼时的九种礼拜方式。《周礼·春官》中有相关记载：“辨九拜，一曰稽首，二曰顿首，三曰空首，四曰振动，五曰吉拜，六曰凶拜，七曰奇拜，八曰褒拜，九曰肃拜。”即九种礼拜方式分别叫“稽首、顿首、空首、振动、吉拜、凶拜、奇拜、褒拜、肃拜”。在九拜之中，稽首、顿首、空首、振动是正拜，余下的五种逐事生名，附属于前四种“拜”。

这九种礼拜方式不仅仅是名称不同，它们的动作要领也有很大的不同。

稽首，是拜礼之中最隆重的一种礼仪，一般是臣子拜见君王时所用之礼。施礼者屈膝跪地，左手按右手，拱手于地，头亦缓缓至于地。头至地需停留一段时间，手在膝前，头在手前。稽首是拜礼之中最敬的方式，为吉事之拜的最重者。

顿首，这种方式只用于凶丧之礼，是丧事之拜中最重要的礼节。即所谓的“叩头”。其具体的行礼方法与稽首很相似，不同之处在于，稽首头至于地而不叩，顿首头至于地而叩。

空首，又称拜手，也简称拜。与其他“拜”不同，空首是男子专用的常拜礼。跪而拱手，头俯至于手，与心平。因其在跪拜过程中头不着地，被称做是“空首”。

振动，先拜而后踊。踊是丧礼中最哀恸的表现，顿足、跳跃以示衰之至也。

吉拜，行礼形式是先空首后稽首，为丧礼之拜。

凶拜，行礼形式是先稽首后空首，为古人的凶事之礼。

奇拜，奇表示单数，在这里是拜一次的意思。

褒拜，拜的次数在再拜以上。

肃拜，为女子专用的常拜礼。行礼的形式是，屈膝不跪，俯首两手下垂。

由上看来，“九拜”是一个笼统的说法，它不仅不是拜九次的意思，而且也不可能在任何一次仪式上用全它，“九拜”涵盖了古时全部的礼拜方式。

你的“九族”是何人

古代有诛杀“九族”的刑法，你知道“九族”指的是哪些人吗?

“九族”之说最早见于《书·尧典》：“克明俊德，以亲九族。”“九族”所指，历来说法不一，可供考证的有以下两种。

一种是仅限于父宗，从自已算起，上至高祖，下至玄孙，称之为“九族”。具体来说，指的是高祖、曾祖、祖父、父、自已、子、孙、曾孙、玄孙等九代。《诗·王风·葛藟序》：“周室道衰，弃其九族焉。”郑玄笺注曰：“九族者，氬己上至高祖及玄孙之亲。”

另外说明一点，灭九族时，对已死去的要劈棺鞭尸。

另一种指异姓亲族，即父族四（自已本族四代），母族三（母亲同族三代），妻族二（妻子同族二代），这样合起来共九族。

所谓“父族四”，指的是当事者自已一族，外加出嫁的姑母及其儿子，出嫁的姐妹及外甥，出嫁的女儿及外孙。“母族三”指的是当事者外祖父的全家，外祖母的娘家，姨母及其儿子。“妻族二”指的是岳父全家和岳母的娘家。

这九族一灭，也就意味着所有和当事者有一丁点血缘关系的人全部都下了地狱，这种说法更符合古代帝王株连法的需要——彻底断了任何后来者的复仇。

历史上还有过一次残酷的“诛十族”血案。

据记载，燕王朱棣（明成祖）率兵入京师，夺得大权后命方孝孺替他起草即位诏书。方孝孺誓死不从，后被杀害。在方孝孺九族之外，加上他的门生一族，统统被杀掉，当时受株连而遇害的达873人。

这里我们知道一下自已的“九族”，出于学习、乐趣何乐不为?

不孝有三，无后何为大

不孝有三，无后何故为最大？

“不孝有三，无后为大”是著名的儒家格言，出自《孟子·离娄上》。原文为：“不孝有三，无后为大，舜不告而娶，为无后也，君子以为犹告也。”

《十三经注疏》中，对“无后为大”这样注解：“于礼有不孝者三；事谓阿意曲从，陷亲不义，一不孝也；家贫亲老，不为禄仕，二不孝也；不娶无子，绝先祖祀，三不孝也。三者之中无后为大。”

上文的大意是说，按照礼教，有三种情况可以称作不孝，一味顺从，见父母有过错而不劝说，使他们陷入不义之中，这是第一种不孝；家境贫穷，父母年老，自己却不去当官拿俸禄来供养父母，这是第二种不孝；不娶妻生子，断绝后代，这是第三种不孝，三种“不孝”行为中，无后是最大的不孝。

儒家最重视伦理道德，他曾明确地要求做子女的对待父母应该做到：“生，事之以礼；死，葬之以礼，祭之以礼。”即是父母在世时，子女应该好好侍奉；父母临终时，子女应该做到让他们不遭受痛苦地离去；父母入土后，子孙应该做到香火不绝。

这样，与父母无关的第三不孝，似乎就不该重要了，那又怎么会是不孝中的大不孝呢?

回归到特殊的环境中来看待这句话，将“三不孝”中的“无后”列为最大的不孝显然是有其一定的合理性。因为“无后”，就不能传宗接代，不能传宗接代，一个家族就会走向灭亡。

推而广之，如果所有的家庭、家族都“无后”，那么，整个族群就将不复存在。这将是很大的人类悲哀，这一不孝让所有的情况都不存在。

因此，“无后为大”的教诲，是重于一切的警告。

“墓志铭”不是碑文

很多人认为“墓志铭”就是刻在墓碑上的碑文，这是很大的误会。

“墓志铭”是产生于特定历史背景下的一种文化载体。

东汉末年，曹操严令禁碑，此令成了严守的规定，沿传至魏晋两代。然而，世人追念亡者的情怀是需要有所寄托的，顺势而生，便有了将地上碑石刻上死者传记，而后埋入墓中的“墓志铭”形式，“墓志”为死者在世的、一份浓缩的个人历史档案。

至北魏时，盛行方形墓志，即是两块等大的正方形石板上下重叠，刻铭文者在下为底，刻碑额者在上为盖。

后来，禁碑令废除，刻写墓志埋于地下的风俗仍旧沿传，产生了墓碑矗于地上而墓志藏于地下的格局。

到了隋唐时期，“墓志铭”盛行，唐代为最盛。宋元以后墓志铭数量锐减，近代丧葬改革，丧事从简。

到现在推行火葬，“墓志铭”基本退出了历史舞台。

“墓志铭”一般由志和铭两部分组成。志多用散文撰写，叙述逝者的姓名、籍贯、生平事迹；铭则用韵文形式写，主要是对逝者一生的评价，多为赞颂、悼念之词。因为存在单有志或只有铭的形式，因此，“墓志铭”又有“埋铭”“圹志”“葬志”等别称。

“墓志铭”可以是自己生前写的，也可以是别人写的。

关于“墓志铭”，《现代汉语词典》里清楚地解释道：墓志，放在墓里刻有死者生平事迹的石刻。也指墓志上的文字。有的有韵语结尾的铭，也叫墓志铭。

吴小如先生曾在《文汇读书周报》上对把“墓志铭”说成是碑文的现象，纠错道：“墓志铭虽刻在石上，却是埋藏在地下的，凡立于地面之上的碑文是从不称为‘墓志铭’的，今传世的历代墓志铭，都属出土文物。如果在地面上撰文树碑，应为‘碑文’，若篇末加韵语，则称‘碑铭’。”

“墓志铭”埋于地下，墓外的人看不到；刻写在地表石碑上、为立碑而作的文字，为碑文。

人生前没有“谥号”

何为“谥号”？“谥号”对于一个人有什么意义呢？

古代帝王、诸侯、卿大夫、高官大臣等死后，朝廷根据他们的生平行为给予一种称号以褒贬善恶，称为“谥”或“谥号”。即是：“谥者，行之迹也；号者，表之功也；车服者，位之章也。是以大行受大名，细行受细名。行出于己，名生于人。”

通常，帝王的谥号，由礼官议上；臣下的谥号，由朝廷赐予。

据考证，“谥号”形成于西周中期的恭王、懿王阶段。苏轼谥号为“文忠”，陶渊明谥号为“靖节征士”，史可法谥号为“忠烈”，康熙帝谥号为“合天弘运文武睿哲恭俭宽裕孝敬诚信中和功德大成仁皇帝”……

“谥号”是封建时期在人死后，按其生前事迹评定褒贬给这个死者的称号，是对一个已死人的生平总结。那么，现在古装电视剧里，当诸葛亮的面称他为“武侯”，喊岳飞作“岳武忠”都是不对的。人生前是不会有“谥号”的，更不可能死后的人复活来使用自己的“谥号”。

另外这里还要强调一下“谥号”与“庙号”的区别。

有人认为“谥号”就是“庙号”，这个误解可是不小。“谥号”上面已经解释过，这里就不再重复说了。“庙号”是帝王死后在太庙里立室奉祀时追加的尊号，“庙号”多带“祖”“宗”的字样。如《后汉书·明帝纪》载有：“三月丁卯，葬光武皇帝于原陵，有司奏尊庙曰世祖。”即是汉光武帝刘秀的庙号为“世祖”。

由上述可见，“庙号”只有皇帝死后可以有，而“谥号”帝王将相死后都可以有。

如何算是“忝列”

在谦辞的使用上，总会有人出错。

“你作为高教授的学生，却在背后说他的坏话，你真是忝列门墙！你让我们这些同学怎么说你好呢？”

这句话怎么理解呢？作为自谦词的“忝列门墙”用在别人身上是错误的，你再气壮，恐怕此时都不能理直了。“忝列门墙”为谦语，只能用于自己，不可以用于别人，此处属误用。

“忝列”一词用于第一人称，表示辱没他人，自己有愧，是一个谦辞。此词出自宋代赵蕃《萤火》一诗：

浑忘生朽腐，直拟暮光辉。

解烛书帷静，能添列宿稀。
当风方自表，带雨忽成微。
变灭无多理，荣枯会一归。

这个词语也经常出现在报刊上，如：“这样的绘画，如何能忝列艺术行列？”再比如：“这几首诗歌是新诗之极品，值得忝列‘中国新诗十二首’。”他们都将“忝列”使用在第三人称上，这是很大的误用。

古时的皇帝自称“寡人”，是不是就能据此称皇帝为“寡人”呢？如果这样的话，皇帝的谦虚，就是在说自己是寡德之人了。

一样的道理，将“忝列”使用在第三人称上就是在说对方不称职，对方辱于你，对方心里有愧。因此，“忝列”只能用在第一人称上，表示辱没他人，自己有愧。

“大传”不是传记

近来，冒出一种现象，传记前加“大”字，如《秦始皇大传》《孙子大传》《吴三桂大传》《宋美龄大传》……传记变成“大传”，是不是就代表着“伟大的传记”呢？

“传记”泛指记载的文字，内传、外传、内篇、外篇、大传等都有其固定的意思。

以解释经义为主的文字叫“内传”，如《韩诗内传》。另外，记述遗闻逸事的传记也可称“内传”。

“外传”相对“内传”而言，它相当于外编，主要是附经作传，是广引事例而不完全以解释经义为主的书。《国语》被当成《春秋》的外传来看待，作为《春秋》的外传，《国语》补上了《左传》的不足，而《左传》一直被称作是《春秋》的内传。

另外，“外传”也可以是为史书不记载的人物立的传，还可以指野史，即是为正史已有记载、而另为某个人作的传，主要是记写人物的遗闻逸事，如《汉武帝外传》《飞燕外传》等。“外传”是指对作者之前写的书的主要内容做进一步解释或是补充。

一般来说，表达全书宗旨的列为“内篇”，有所发挥的列为“外篇”。唐代的成玄英在《庄子序》中就内、外篇作了说明：“所言内篇者，内以待外之立名，内则言于理本。”像是《庄子》《晏子春秋》《淮南子》等都分内外篇。

“大传”是《礼记》第十六篇的篇名，孔颖达对“大传”注释曰：“名曰‘大传者’，以其记祖宗人亲之大义。”《大传》一文只是对《仪礼·丧服传》中的条文进行了转录，而没有对“经”进行解释。

此外，到汉朝初年，“大传”有时也作《尚书大传》的简称用。

这样，“大传”并不伟大了，用“大传”说传记不但没有一点意义，反倒是名词意义的混淆。加“大”字的这番好意，算是枉费了。

请人“斧正”文章

“斧正”是动用了斧子吗？那又用斧子“正”什么呢？

《庄子·徐无鬼》一篇里庄子讲了这样一个故事。

从前，楚国国都郢有个人在粉刷墙壁时，鼻尖上溅了一点薄薄的白灰泥，于是他去请一位匠人给他削掉。匠人让他站稳后，抡起斧子向他的鼻尖砍下去。那个人镇静端立，只觉一股疾风拂面，鼻尖上的白灰泥全都不见了，而鼻子却丝毫没有受伤。

国君宋元君听说后，就派人把这位匠人请来。宋元君说：“听说你运斤成风，给我表演一下吧。”匠人叹了口气说：“我确实有过这种技能，可是，那个敢让我砍的人已经死去很久了。”

这里是博学的庄子在为文友惠子的早亡而深感痛惜，叹息自己没了搭档。

后来人们根据《徐无鬼》篇提炼出“斧正”一词，意思是请别人来帮助自己削删文章。“斧正”是对修改者表示尊敬的客套话，意思是赞许他人鬼斧神工般的高超技艺。

那么，“斧正”谦在哪里呢？

把修改文字的人比喻为“运斤成风”的石匠，那么被修改文字的人就具有了郢人的品质。从石匠动斧来砍郢人鼻子上白粉时，他脸不变色，一点儿不害怕，便可见此人也不是凡夫俗子。他的气魄和胆识，决非一般人所能及的。

根据石匠向宋元君所说的话，可以看出石匠是把郢人作为相辅相成的“搭档”来看待的，也就是说两人互为膀臂，没有郢人的配合，也就没有石匠高超技艺的显示。

既然两人水平相当，郢人却尊崇石匠的“运斧”水平，请他“斧正”，这无疑显示出了郢人的自谦。

不可妄称“忘年交”

“八拜之交”中有孔融和祢衡以及范云和何逊的“忘年之交”，也省作“忘年交”。那么，何为“忘年交”呢？

何逊，字仲言，南朝梁代郯（今山东郯县北）人。八岁的时候就能写诗，二十岁考中了秀才。吏部尚书范云得知何逊的情况，就调来他的应试文章，看后发现果然是好手笔。于是，对何逊大为称赞，从而结下“忘年交”。

范云对身旁的亲信们说：“看看当前的文人，文风朴实的，过于儒雅；文风华丽的，有伤风化。如果说，能够包容华美和平实，融汇传统和时趣的，便体现在何生身上。”

《后汉书·祢衡传》记载有：“衡始弱冠，而融年四十，遂与为交友。”

“忘年交”即为忘掉年龄和辈分的差别而结为朋友，它说的是两代人的友情。两个人间明显存在着年龄、时代背景等诸多方面的差异，但是因为他们的兴趣、爱好等相似、相同，即有了“忘年之交”的情缘。

毋庸置疑，得“忘年交”是件可喜的事。年轻人交上老年人这个朋友，可以分享年长者的人生经验和智慧，从而促进自己健康地成长；而老年人交上青年人这样的朋友，有助于让老年人的心理年轻，有效促进老年人的身心健康，对于益寿延年不无裨益。

结“忘年交”固然是好事，但是“忘年交”可不是随便称的。意趣相投自不必说，这是两个人能走到一起的前提。另外还要有足够大的年龄差度，年龄相仿只能称是朋友，所谓“忘年”即是要有很大的年龄差距。

“过庭之训”父亲的教诲

“过庭之训”指代父亲的教诲。

《论语·季氏》有语：“尝独立，鲤趋而过庭。”

孔子的弟子陈亢怀疑孔子教儿子与教弟子会有所不同。

于是陈亢便问孔鲤（孔子的儿子）说：“你的父亲对你有什么特别的传授吗？”

孔鲤回答说：“父亲对我并没有什么特别的教诲啊。只是有一天，父亲独自站在院子里，我快步（古人以此表示尊敬）走过庭院，被父亲叫住，问我‘学《诗》了吗？’我回答说：‘没有。’父亲说：‘不学《诗》，就不能与人交谈。’”

“还有一次，父亲又独自站在院子里，我走过又被父亲叫住，问我：‘学《礼》了吗？’我回答说：‘没有。’父亲说：‘不学《礼》，就不能掌握处世立身的礼法规范。’”

陈亢听完孔鲤的回答，十分高兴地说：“我本来只问一件事，却得到了三件事的答案，不但听到了学《诗》《礼》的重要性，又知道了君子是一视同仁的！”

后来，“过庭之训”又派生出了很多的雅称，像说“过庭训”“过庭子弟”“孔庭”“鲤趋”“庭礼”“庭训”等等，都指的是不忘老师无处不在的谆谆教诲。

年龄称谓知多少

关于古代年龄的称谓大多数人都会很模糊，我也在内，这里我们就一起学习一下吧。

不满周岁——襁褓；2～3岁——孩提；《孟子·尽心上》：“孩提之意，无不知爱其亲也。”赵歧注曰：“孩提，二三岁之间，在襁褓知孩笑，可提抱者也。”

女孩7岁——髫年；男孩8岁——龆年；

少年泛称——总角；10岁以下儿童——黄口；

13～15岁（男）——舞勺之年；15～20岁（男）——舞象之年；

12岁（女）——金钗之年；13、14岁（女）——豆蔻年华；唐代诗人杜牧《赠别》一诗，曰：“娉娉袅袅十三余，豆蔻梢头二月初。”

15岁（女）——及笄之年；女孩子至15岁时，把头发用簪子束起来，表示已成年。16岁（女）——破瓜年华、碧玉年华；

20岁（女）——桃李年华；24岁（女）——花信年华；

女子出嫁时——摽梅之年；至30岁（女）——半老徐娘；

20岁（男）——弱冠；《礼记·曲礼上》“二十曰弱冠”，古代男子二十岁行冠礼，即戴上帽子表示已成人。

30岁（男）——而立之年；《论语·为政》里孔子说：“吾十有五而志于学，三十而立，四十而不惑，五十而知天命，六十而耳顺，七十而从心所欲，不逾矩。”

40岁（男）——不惑之年、强壮之年；

50岁——年逾半百、知非之年、知命之年、艾服之年、大衍之年；《礼记·曲礼上》“五十曰艾”，年老时头发苍白如艾。

60岁——花甲、平头甲子、耳顺之年、杖乡之年；

70岁——古稀、杖国之年、致仕之年、致政之年；杜甫《曲江》诗：“酒债寻常行处有，人生七十古来稀。”《礼记·曲礼上》：“大夫七十而致事。”《礼记·王制》：“五十而爵，六十不亲学，七十致政。”致事、致政是一个意思，即辞去官职，也叫致仕。

80岁——杖朝之年；《礼记·王制》：“八十杖于朝。”意思是八十岁可以拄杖出入朝廷。

80～90岁——耄耋之年；

90岁——鲐背之年；老人身上生斑状如鲐鱼背。

100岁——期颐。《礼记·曲礼上》“百年曰期颐。”郑玄注解说：“期颐，犹要也；颐，养也。不知衣服食味，孝子要尽养道而已。”孙希旦又进一步解释说：“百年者饮食、居处、动作，无所不待于养。”

4

人物追踪

汉武帝“金屋藏娇”有始无终

“金屋藏娇”是一个传诵千年的婚姻佳话，是一个男子对自己原配妻子许下的美丽承诺。

《汉武故事》记载有这样一段历史。

汉武帝刘彻年少时，一日，他姑母长公主将他抱在膝上，问他：“你想娶妻子吗？”他回答说：“想。”于是，长公主便指着左右数百名侍女问他要哪一个，他都说不要。最后，长公主指着自己的女儿陈阿娇问：“阿娇好不好？”武帝笑着回答：“如果娶阿娇做妻子，我要专门修造一个金屋子给她住。”

少年刘彻许下了“金屋藏娇”的承诺后，他和陈阿娇定下了婚姻。同时而来的是一场朝廷局势大变。馆陶长公主转而全面支持刘彻，并全力策划助刘彻登上帝位。经历多番宫廷的明争暗斗，刘彻继承了帝位，立原配嫡妻陈氏为皇后。

刘彻继位后，实权并不大，而且当时朝局很不稳固。因为皇后陈阿娇作为唯一的外孙女极受窦太皇太后的宠爱，再加上陈家以及馆陶长公主的全力支持，才使汉武帝有惊无险地保持着帝位。

直至此时，“金屋藏娇”就像当年人们预想的那样，是一个令人津津乐道、羡慕不已的婚姻传奇——年轻的夫妻琴瑟和谐、患难与共。

窦太皇太后去世后，汉武帝亲政，得以独揽大权，他彻底走出了政权危机。

然而苦尽却未有甘来，阿娇并没有等来刘彻许诺给她的“金屋”。她虽然贵为皇后，但因为婚后十余年无子，而刘彻又喜好女色。他们分歧无数，误解无数，最后陈皇后遭受冷落。再后来，汉武帝亲自颁下废后诏书，陈皇后被禁于冷宫——长门宫内。几年后，郁郁而终。

到这一刻，金屋崩塌，恩情皆负。于此，与“金屋藏娇”关联的“凤求凰”以及后来的“青梅竹马”一起，都成为了关于“承诺”和“背信”、“爱情”和“婚姻”的笑话。

汉武帝“金屋藏娇”，未能有始有终。

张光晟“一不做，二不休”

“一不做，二不休”是道张光晟留给我们的选择题。翻看历史，显然在这道题的选择上，张光晟错了。

历史上这样评说张光晟：唐代中期北方军人，施恩不图报的义士……命运捉弄的叛臣。

唐天宝十五年（公元756），节度使安禄山起兵叛乱。朝廷发兵平叛，兵荒马乱中，担任先锋的步兵统帅王思礼的战马被箭射中倒毙。张光晟将战马让给倒在地上、狼狈不堪的王思礼后，一言不发地走入了溃逃的乱军，也走入了自己未知的人生。

三年后，王思礼官至司空兼河东节度使，成为举足轻重的朝廷大员。王思礼不忘当年张光晟的救命之恩，他和张光晟结为兄弟，并一再向朝廷保举，从而使张光晟的官位越做越大。由此，张光晟从一个默默无闻的小角色成为了历史大戏上有名有姓有戏份的重角。

公元783年，一支军队在京师长安哗变。德宗帝仓皇出逃奉天(今陕西省乾县)，太尉朱泚占据长安，自立为帝。张光晟没有跟着大家一起出逃，在老上司朱泚软硬兼施后，他选择了依附朱泚做了他手下的节度使。至此，他开始了在不归路上的行走。

朱泚自称大秦皇帝，后又亲自领兵攻逼唐德宗避难的奉天，张光晟以“副元帅”身份参与对奉天的进攻。但出师不利，城池久攻不克，而各处前来救援德宗皇帝的军队又都纷纷赶来。

在这种情况下，朱、张只好退回长安。次年，朱泚又改国号为“汉”，自称汉元天皇，拜张光晟为宰相。

为了保住江山，唐德宗重用李晟，命他统率大军，夺回长安。李晟带兵直逼长安。实力上讲朱泚打不过李晟，张光晟见朱泚大势已去，便暗中派人与李晟取得联系，希望归降朝廷，李晟对此表示欢迎。

在李晟攻打长安的过程中，张光晟作为内应，他先劝走了朱泚，又亲自将朱泚送出城，在朱泚逃远后，张光晟折回长安，率领残余部下向李晟投降。在张光晟作出一系列选择后，李晟答应奏告朝廷，减免他助贼造反的罪行。

但最终，德宗皇帝却颁下诏书，要处死张光晟，李晟也不质疑地执行了命令。

张光晟有悔有恨，他的临终遗言是：“传语后人：第一莫作，第二莫休。”这是他以生命为代价换来的“痛苦的智慧”，也是留予我们的良言，第一不要做，第二做了就要做到底！

伯州犁“上下其手”，不涉淫亵

现在很多人误将“上下其手”带上猥亵色彩，然而，它不过是一个暗示法，就像我不方便说肚子疼，用手捂肚子一样，就这么简单，也就只这么点事。

史籍《左传·襄公二十六年》中，记载了楚国太宰伯州犁使用的“上下其手”的暗示法。

公元前547年，楚国联合秦国去攻打郑国。郑国大夫皇颉与楚国的穿封戌交战，结果皇颉战败被俘。楚康王的弟弟公子围想争功，他与穿封戌争执起来，非说是自己俘虏的皇颉。穿封戌和公子围争执不下，就去找伯州犁当裁判。伯州犁出主意说咱们一起去问问俘虏，看他怎么说。

皇颉被带了过来，公子围和穿封戌各立于皇颉对面。公子围是楚康王的弟弟，伯州犁当然要向着他。于是向皇颉“上其手”，就是抬手向上，介绍公子围说：“这一位是公子围，我们国君尊贵的弟弟。”介绍完公子围，伯州犁又“下其手”，把手垂得低低的，对着穿封戌介绍说：“这一位是穿封戌，我们国家方城外的县官。”然后伯州犁问皇颉：“他们中哪一位俘虏了您？”

皇颉明白了伯州犁“上下其手”的暗示，回答道：“唉！谁让我遇见了贵国的王子呢？我是被他打败的。”

至此，“上下其手”这个故事就讲完了。

由于伯州犁的损人利己作派，后人就用“上下其手”来形容互相勾结，玩弄手法，串通作弊。如《官场现形记》有语：“统通换了自己的私人，以便上下其手。”

商汤“网开三面”留一面

今天我们说的“网开一面”，源自“网开三面”，而有“网开三面”之仁义心的是商汤。

商汤是商朝开国国君，夏朝末期，他以仁慈宽厚享誉四方。

《史记·殷本纪》记载了商汤“网开三面”的故事。

商汤在野外看见猎人张起四面的网来捕捉禽兽，并且猎人祈祷道：“无论是从天上来的，从地下来的，或是从四面八方来的，都到我的网里来。”商汤觉得猎人的做法太残忍了，他对猎人说：“你这样会把禽兽全部捕光的，你撤去三面的网只留一面，也能捕到野兽。”

四方诸侯听到了这个消息，都对商汤佩服得五体投地。他们认为，汤王的德行到了极点，连禽兽都如此爱护，更何况是人了。在汤王圣德的感召下，前后共计有四十六国自愿归顺商朝。

“网开三面”的仁义自商汤被推而广之，后来比喻宽大处置罪人或敌人也用此语，以此比喻给罪犯一条弃旧图新的出路。如《儿女英雄传》第二十一回道：“再说当年，如邓芝龙、郭婆等……闹得那样翻江倒海，尚且网开三面，招抚他来，饶他一死。”

后来由“网开三面”生出了“网开一面”，其含义和用法与“网开三面”相同。如《李自成》第一卷第十二章有句：“总督大人因见你们人马死伤殆尽，已被重重包围，插翅难飞；体上天有好生之德，网开一面，谕令尔等速速投降，免遭杀戮。”

四面布网来捕捉野兽也不一定能捕捉得到，商汤仅在一面布网，却使得四十余国归顺，这对我们应该有所启发。

晋文公“退避三舍”，守诺言

我们现在常用“退避三舍”一词来比喻向对方让步或回避，以求避免冲突。然而最初的“退避三舍”举动，是信守诺言的表现。

“舍”是古代的一种长度单位，一舍约合今天的三十里，三舍就是九十里，“退避三舍”就是退到九十里之外。

“退避三舍”这个成语产生于古代战争中，《左传·僖公二十三年》中记载有：“晋楚治兵，遇于中原，其避君三舍。”为什么晋楚两军相遇，晋军不全力奋战反倒“退避三舍”呢?

这是一个报恩的故事。

春秋时期，晋国公子重耳受国君献公宠妃骊姬的陷害，逃亡国外十二年。在逃亡过程中，重耳受到过很多的冷遇。在途经楚国时，楚成王以国君之礼相迎，待他如上宾。

一天，楚成王设宴招待重耳，两人饮酒叙话。

楚王问重耳说：“你将来若能回国当上国君，怎样报答我呢？”重耳说：“晋国有珍宝丝绸，美女侍从，可楚国多得是，你肯定不稀罕。珍禽羽毛、象牙兽皮，更是楚地的盛产。我能给你什么稀罕物呢？我若做了晋国君王，愿与贵国友好。万一日后，楚晋在战场上相遇，我就退避九十里作为回报。”

后来重耳果然做了晋国国君，史称晋文公。公元前632年，晋楚在战场相遇了。重耳没食言，果然“退避三舍”来报楚王。

现在，“退避三舍”不是报恩了。然而人间世事，是十分复杂的，若全是针锋相对、寸步不让，结果必是两败俱伤，退避若可以海阔天空，何乐不为呢?

李源“三生有幸”

现如今的有情人常说缘定三生，以此表达能相遇彼此的幸运，熟不知“三生”是个分量很重的诺言。

杭州西湖有块石头，名唤三生石，位于莲花峰东麓，与飞来峰相接，是“西湖十六遗迹”之一。三生石高约10米，宽2米有余，峭拔玲珑。其上刻有“三生石”字样及《唐圆泽和尚三生石迹》碑文。

唐朝有一个和尚，号圆泽，他对佛学有高深的造诣，住持惠林寺。圆泽有位俗家朋友姓李名源，此人爱好钻研佛教方面的知识。二人是知心知音，知交至深。

有一天，二人相约去参拜青城山、峨眉山。在路线选择问题上他们发生了分歧，圆泽希望走陆路，李源却坚持从湖北沿江而上。因为他们曾有约定“意见一致，则惟圆泽是听，意见不一致，悉由李源定夺”，于是他们最终买舟入川。

水上途径一处地方，见到一个孕妇在河边取水，那位妇人的肚子很大。圆泽指着妇人对李源说：“这个妇人已经怀孕三年了，等待我去投胎，做它的儿子，可是我一直避着，现在看见她，没有办法再避了，看来我们的尘缘只能暂告一段落了。三天之后，这位妇人已经生产，到那个时候请你来王家看我，我会对你一笑，就拿这一笑作为凭证吧！再过十二年的中秋夜，我在杭州天竺寺等你，那时我们再相会。”

到了黄昏，圆泽果然圆寂了，王家的婴儿也呱呱落地。三天后，李源到王家去探看，婴儿果然对他一笑。

十二年后的中秋月夜，李源如期到杭州西湖去赴圆泽的约。只见一个牧童坐在牛背上唱歌，歌词道：“三生石上旧情魂，赏月吟风不要论，惭愧情人远相访，此身虽异性常存。”听罢后，李源领悟了故人的心声。

一段意犹未尽的“三生有幸”佳话，一段感人的信守承诺故事，人生是有缘的，而缘在于信守和坚持。

“三生”是佛家术语，指前生、今生、来生，“三生有幸”是很大的福气。

齐威王“一鸣惊人”

齐威王说：“不鸣则已，一鸣惊人”，那他是如何“一鸣惊人”的呢？

《史记·滑稽列传》记载了齐威王“一鸣惊人”的故事。

战国时期，齐国有个入赘女婿名叫淳于髡，他身高不足七尺，但却能言善辩，机智多谋。他屡次出使各诸侯国，从未受过屈辱。

齐威王继位时还不到三十岁，可一连三年，他整天在宫中饮酒作乐，不理朝政，把政事都委托给卿大夫。结果各国都来侵犯，侵占了齐国不少土地，国家危亡，就在旦夕之间。齐王身边的近臣都不敢进谏。

有一天，淳于髡用隐语来规劝齐威王。他说：“齐国有只大鸟，落在了王宫的庭院里，三年不飞又不叫，您知道这只鸟是怎么一回事吗？”齐威王知道淳于髡是在用大鸟暗喻自己，便说：“此鸟不飞则已，一飞冲天；不鸣则已，一鸣惊人。”

于是齐威王改弦更张，诏令全国七十二个县的官员全来入朝奏事，奖功罚过。

他在发展生产的同时，又发兵御敌。齐威王的这些行动，让天下众诸侯十分惊恐，都把侵占的土地归还了齐国。齐威王的“一鸣”使齐国的声威竟维持长达三十六年。

平时可以不动声色，默默无闻，但一旦有了适合自己的机会，就做出些轰轰烈烈的事情“一鸣惊人”吧。

孔子“韦编三绝”

因勤奋，才有孔子的“韦编三绝”。

“韦编三绝”一语出自《史记·孔子世家》：“读《易》，韦编三绝。”

相传孔子到了晚年，非常喜欢读《易》。

春秋时期没有纸，“书”主要是以竹子为材料制造的，字写在一片片竹简上。竹简有一定的长度和宽度，一根竹简只能写有限的字数，这样书写一部书就要用许多竹简。字书写到竹简上后还要用熟牛皮（韦）制的绳子编连起来，最后成“书”用于阅读。

“书”平时卷起来放着，看时就打开。像《易》这样的书，当然是由许许多多竹简编连起来的，因此就有相当的长度和重量。而《易》文字又艰涩，内容隐晦，孔子就一遍遍翻来覆去地读，这样读来读去，就把串连竹简的牛皮绳子磨断了好几次。

但是，即使读到了这样的地步，我们的圣人还是不满意，他仍说：“假如让我多活几年，我就可以完全掌握《易》了。”

这就是“韦编三绝”这一成语的故事，后来人们常用它来称赞刻苦读书的好学精神。唐代诗人杨炯《中书令汾阴公薛振行状》：“在邛都十余载，沉研《易》象，韦编三绝，赋诗纵酒，以乐当年。”

孔子能成为我国伟大的思想家和教育家，这在于他的勤奋治学，作为平凡人的我们，应该从孔子“韦编三绝”的精神里获得些东西。

“手不释卷”劝吕蒙

“手不释卷”最初是用来劝吕蒙的。此语出自《三国志·吴书·吕蒙传》：“光武当兵马之务，手不释卷，孟德亦谓老而好学。”

这里给大家介绍一下吕蒙，他是三国时期东吴名将，人们描述他是有勇有谋，屡建奇功，孝、义、勤、忠、勇、智皆全的人物。

相信“白衣渡江”这一传奇史事大家都有听闻吧。三国时期，吕蒙和陆逊共同策划了一个针对当时最负盛名的大将关羽的大阴谋。“先是吕蒙抱病，推荐陆逊接手军队事务。因陆逊年少，关羽少有防备，加上他们又托书向关羽示弱。关羽放松了警惕，并且更为骄横。最后关羽落到了吕蒙他们设计好的圈套中，被俘被杀。”

“白衣渡江”被后人评为一次史上最成功最经典的偷袭战之一。

介绍了这么多，大家都会觉得吕蒙足智多谋，精深战术吧？然而，少年的吕蒙只是一介莽夫。

建安五年，吕蒙在孙权手下效力。因勇猛，吕蒙屡立战功，曾先后被任命为偏将军、寻阳令等职。但由于吕蒙没读过书，缺少文化，他甚至连战例经验的总结都写不出来。

孙权劝吕蒙学习史书与兵法，吕蒙一听让他读书，便推脱说，军中事多没有时间学习。孙权列举自己及前人的例子：“我再忙也会抽时间读书；从前汉武帝刘彻在行军作战的紧要关头，手里还拿着一本书不肯放下来呢！曹操也称得上老而好学。”接着孙权又给吕蒙推荐了些利于带兵打仗的好书。

吕蒙听了孙权的话很受感动，回去后便开始认真读书学习，并坚持不懈。日积月累，吕蒙读了大量的古书资料。后来，鲁肃称赞他：“学士英博，非复吴下阿蒙。”

看来书中是有黄金屋、颜如玉的，也更有人们追逐的成功。

遇美味，公子宋“食指大动”

嘴馋不是大事，好东西谁都爱吃，所以遇到美味“食指大动”再正常不过，但公子宋的“食指大动”却实在不能说成是小事。

食指，紧挨着大拇指的手指头。春秋时，郑国的公子宋食指一动即是预示有美食佳肴存在。

有一天早上，公子宋和公子家一起去朝见郑灵公。走在半路上，公子宋的食指突然跃跃跳动起来，公子家见状觉得很奇怪，公子宋解释道：“每当我的食指跳动，必有异味可尝。”两人进入朝门后，就听说楚人送来了一只大鼋，灵公命人烹煮，准备和朝内的大夫们一起尝尝。公子宋及公子家听了，相视而笑。

灵公见到此状，便问他们：“你们今天为什么这么高兴啊？”公子家就把前因讲了一遍，灵公听了，笑说道：“真有这么灵验吗？这事还得我说的算。”

在分发鼋羹时，大夫们都有，却唯独公子宋没有。灵公命令手下故意不分给公子宋，用以表示所谓食指大动并不灵验。

见到大家都吃得高高兴兴的，自己却没有份，公子宋很尴尬，也觉得自己在公子家面前食了言。于是，他走到灵公的座前，伸手到灵公的锅里沾起肉汁尝了一下，并说道："我尝过了，怎么能说食指之动不灵呢？"说罢扬长而去。

公子宋染指了国君的食物，蔑视了帝王的权威，灵公大怒，起了杀他之心。但公子宋早明白他要为他的行为付出代价，于是就先下手为强，联合公子家杀了灵公。

当然，这里嘴馋不馋占小份，斗气是这场血腥的祸害根源。

到了现在，人们忽略了这场无意义的争斗，分析来可能是灵公想和公子宋开一个玩笑，但公子宋没当玩笑看，结果两人闹僵，以二人死一人作结局。

故事本身没什么值得学习的地方，只是这"食指大动"一词，既然沿用下来，我们就不要用错了。

感情深，梁鸿、孟光"举案齐眉"

"举案齐眉"和"相敬如宾"常用于表示夫妻间相互尊重，和睦相处的感情。

"相敬如宾"说得很明白，大家也理解得明白；"举案齐眉"看着似乎不那么明了，因为它不能一针见血地让人看出尊敬之意。人们对它有怀疑，那么我们就看看下面的典故吧。

"举案齐眉"语出《后汉书·梁鸿传》："(鸿)为人赁舂。每归，妻为具食，不敢于鸿前仰视，举案齐眉。"

梁鸿年轻时家里很穷，但他品德高尚，而且很有学问，许多人想把女儿嫁给他，但梁鸿都谢绝了。

同县孟家有一个女儿，长相不佳，但力气却很大，喜爱劳动，没有小姐的习气。她总是不嫁，说要嫁也得是像梁鸿那样贤德的人。后来梁鸿娶了这位孟家女儿。

初过门时，孟女总是把自己打扮得漂漂亮亮的，然而梁鸿却一言不发。一天，孟女来到梁鸿面前跪下说道：“夫君，为什么婚后总是默默无语，不知妾犯了什么过失？”梁鸿答道：“我一直希望自己的妻子是位能穿麻葛衣，并能与我一起隐居到深山中的人。而现在你却穿着名贵的丝织品缝制的衣服，涂脂抹粉，这哪里是我理想中的妻子啊!”

孟女听到此话后，赶紧将头发卷成髻，穿上粗布衣，架起织机，动手织布。梁鸿见状大喜，连忙走过去，对妻子说：“你才是我梁鸿的妻子!”随即，梁鸿为妻子取名为孟光，字德曜，意思是她的仁德如同光芒般闪耀。

后来，梁鸿、孟光一同隐于山中，过着男耕女织的田园生活。梁鸿每天干完活回家，妻子孟光就端着饭菜，一直举到与眼眉平齐，不敢抬头看丈夫一眼，对他十分尊敬。

到这里，“举案齐眉”的举动还会让人质疑它的尊敬程度吗?

褒姒一笑“倾城倾国”

褒姒的笑到底有什么样的威力，竟能“倾国倾城”？

“倾国倾城”出自汉武帝时音乐家李延年的歌词：“北方有佳人，绝世而独立，一顾倾人城，再顾倾人国。宁不知倾城与倾国，佳人难再得。”

其中，能“倾国倾城”的女子，即是指李延年的妹妹。李氏因其德行，深得汉武帝宠幸，史称“李夫人”，后被追封为皇后，即孝武皇后。

这里的“倾国倾城”只是让人爱慕，令人倾倒，是没有任何危害的美貌；另一段具有威力的“倾国倾城”才会让我们真正的震惊。

西周末年，周幽王的宠妃褒姒虽然生得艳如桃李，却冷若冰霜，终日怏怏不乐，自进宫以来从来没有笑过。周幽王想尽办法，想博她一笑，却都不能如愿。

后来，奸臣虢石父献计“点燃骊山烽火”。昏庸的周幽王求笑心切，采纳了虢石父的建议，点燃了烽火台上的烽火。

一时间，狼烟四起，各地的诸侯见熊熊焰火，以为国都受到攻击，都纷纷率军前来救援，来到后连敌兵影儿也没有，只见幽王和褒姒在高台上饮酒作乐。诸侯被告知：“辛苦了大家，这儿没什么事，不过是大王和王妃放烟火取乐，你们回去吧。”诸侯们知道是被戏弄，都怀怨而回。

褒姒见千军万马召之即来，挥之即去，如同儿戏一般，加上又见到军队来回奔跑的狼狈样，禁不住嫣然一笑。

然而就这一笑，却“价值连城”。公元前772年，申侯联合缯国和犬戎举兵入攻西周，当骊山烽火再次燃起时，已经没有一位诸侯来救援了，最后周幽王被杀，褒姒被掳。

《诗经·小雅》说：“赫赫宗周，褒姒灭之。”为博美人一笑，周幽王付出“倾国倾城”的代价，这一笑的威力是太大了。

美如花，虢国夫人“素面朝天”

“素面朝天”这个成语常在报刊中露脸，多用来指女子不化妆。可曾经敢有这样做法的人是要有必要条件的。

宋代乐史在所著的《杨太真外传》中如此记载：杨贵妃集万千宠爱在一身，他们杨家因此鸡犬升天。杨国忠被加封为“御史大夫，权京兆尹，赐名‘国忠’”；“封大姨为韩国夫人，三姨为虢国夫人，八姨为秦国夫人。同日拜命，皆月给钱十万，为脂粉之资。”可见，唐玄宗这位风流天子爱屋及乌的体贴程度。

杨家姐妹中，三姨虢国夫人最为貌美，唐玄宗对她更是喜爱有加。虢国夫人自恃长得出众很是自信，经常不施脂粉，便走朝见天子，可见其娇贵和大胆。

这即是“素面朝天”一词的源头。词语里的“天”不是指天空，而是指天子、皇上。

这样看来，就不是随便哪个女人都可以“素面朝天”了，那是容貌美丽的女子，才可以做的事。

诗人张祐为此写过一首诗：“虢国夫人承主恩，平明上马进宫门。却嫌脂粉污色彩，淡扫蛾眉朝至尊。”“素面朝天”一词的原义带有贬义色彩。

张祜的诗里刻画了虢国夫人的骄横，在文官下轿、武将下马的禁区，她却骑马招摇，她的“素颜”情状去“朝天”也非礼拜或上呈奏章，而是去和唐明皇鬼混，此时的“素面朝天”很是污秽。

随着语义的改变，“素面朝天”一词用来形容女子“不施粉黛”。毕淑敏写过一篇名为《素面朝天》的文章，文章里，她极力宣扬“素面朝天”的自然美，此词已经转身成了远离世俗、不惹尘埃的高尚词藻。

“闭月”“羞花”“沉鱼”“落雁”四美人

闭月、羞花、沉鱼、落雁皆是用来形容女子貌美的词藻。但究竟美到什么程度，我们还要去看看我国古代的四大美女。

“闭月”是貂蝉的代称。貂蝉，东汉末年司徒王允的义女，国色天香，有倾国倾城之貌。

那么貂蝉是如何被称为“闭月”的呢？一日， 貂蝉在后花园拜月时，忽然轻风吹来，一块浮云将皎洁的明月遮住。这时正好被王允瞧见。王允为宣扬他的女儿长得如何漂亮，逢人就说，我的女儿和月亮比美，月亮比不过，赶紧躲进云彩里了。因此，貂蝉就有了“闭月”之称。

“羞花”指代杨贵妃。杨贵妃即杨玉环，唐玄宗李隆基的宠妃。她通晓音律，能歌善舞，是大唐第一美女。

杨玉环进宫后非常思念家乡，一天她到花园赏花散心，看见盛开的牡丹、月季……再想到自己被关在宫内，虚度青春，不胜叹息。她对着盛开的花说："花呀，花呀！你年年岁岁还有盛开之时，我什么时候才有出头之日？"说着她声泪俱下。她伸手摸花。花瓣立即收缩，绿叶卷起低下。

此景正巧被一宫娥看见。宫娥到处说，杨玉环和花比美，花儿都含羞低下了头。这即是"羞花"称号的得来。哪想到，杨玉环摸的是含羞草。

"沉鱼"赞的是西施。西施又名西子，她天生丽质，为古代四大美女之首，是美的化身和代名词。

西施曾是浣纱女，一次，她在河边浣纱时，清彻的河水映照着她，粉面桃花，俊俏的身影，使她显得更加美丽。这时，鱼儿看见西施的倒影，竟忘记了游水，渐渐地沉到了河底。从此，"沉鱼"就成了西施的代称。

"落雁"讲的是王昭君。王昭君，名嫱，字昭君，汉族人。王昭君有绝世才貌，聪慧异常，琴棋书画，无所不精。

在一个秋高气爽的日子里，王昭君告别了故土，登程北去。一路上，马嘶雁鸣，撕裂她的心肝；悲切之感，使她心绪难平。她在坐骑之上，拨动琴弦，奏起悲壮的离别之曲。南飞的大雁听到这悦耳的琴声，看到骑在马上的这个美丽女子，竟忘记摆动翅膀，跌落地下。后来，"落雁"便成了王昭君的雅称了。

这样看来，闭月、羞花、沉鱼、落雁是美的极致。作为今人的我们，能读到这些美丽也算是荣幸了。

毛遂自荐“脱颖而出”

“脱颖而出”用来形容一个人在人群中崭露头角，全部本领都显现出来。“脱颖而出”源自毛遂，接下来，我们就去看看毛遂是如何自告奋勇自我推荐，而后“脱颖而出”的吧。

“脱颖而出”这个成语出自《史记·平原君虞卿列传》。

秦国的军队包围了赵国的都城邯郸，赵国派相国平原君出使楚国寻找援兵。平原君门下食客很多，要从中挑选出20人一同前往，可挑出19个人后，却再也找不出那一个合适的了。有个叫毛遂的食客，向平原君自荐，要求跟随平原君出使。

平原君不熟悉毛遂，问他道：“先生到我门下几年了？”

毛遂回答道：“三年了。”

平原君说：“有才能的人在世上，好比一把锥子装在囊中，锥子尖儿立刻就能显露出来。可是先生在我门下三年，我从未听到对您的称赞，可见您一无所长，所以你不适合去，还是留下吧。”

听了平原君的话，毛遂一点儿都不生气，针对平原君的比喻回答道：“要怪只能怪您，是您没有早一点把我放人囊中，假如早一点儿把我放人囊中，早就连锥子上面的环也露出了，岂止是只露出尖儿。”

于是，平原君同意毛遂同行。途中，同行的人在与毛遂交谈过程中，逐渐发觉他是个了不起的人物，都很钦佩他。

在平原君联合楚王抗秦事件中，毛遂果然大出风头，他逼迫楚王定下了合纵的盟约。

回到赵国后“遂以(毛遂)为上客”。

至此，毛遂“脱颖而出”了。我们说毛遂是个谦虚的人，他不处处锋芒毕露，在未出使楚国前，他名不见经传；我们说毛遂不谦虚，他在合适的时机自告奋勇，在适合发展的空间里大展手脚。

毛遂自荐的故事，在《史记》中被写成一篇光照千秋的大文章，司马迁的夸赞让我们不能多加一笔，这就是毛遂的成功。

冯谖“狡兔三窟”为孟尝君

“狡兔三窟”释义为，狡猾的兔子有三个藏身的洞，常用来比喻藏身之处很多。现在我们就来分析一下兔子的这种“狡猾”对不对？

《战国策·齐四策》有记载：“冯谖曰：‘狡兔有三窟，仅得免其死耳’。”

战国时期，齐国相国孟尝君有很多食客，其中有个叫冯谖的人，来寄食的时候自称无德无能，因此，人人都看不起他。

过了一段，冯谖弹剑而歌：“长铗归来乎！食无鱼。”孟尝君满足了他。又过了一段，冯谖又弹剑而歌：“长铗归来乎！出无车。”孟尝君又满足了他。又过了一段。冯谖又弹剑而歌：“长铗归来乎!无以为家。”孟尝君派人供给冯谖的老母亲衣食，于是冯谖不再弹剑作歌了。

一年后，孟尝君派冯谖去自己的封地薛地收债。

冯谖到了薛地后，看到老百姓生活艰难，就集合起民众，把债券一把火烧了个干干净净。冯谖空手回来复命，却对孟尝君说自己替他买回了“义”。孟尝君知道事情的经过后，觉得冯谖太迂腐了。

过了几年，孟尝君得罪了齐王，被罢了相位。等他回到薛地时，老百姓都夹道欢迎他。孟尝君见自己在薛地有这样好的人缘，明白了当初冯谖的一片苦心，于是连忙向冯谖致谢。冯谖说：“狡兔有三窟，仅得免其死耳；今君有一窟，未得高枕而卧也。”冯谖便开始帮孟尝君再找两个“洞穴”。

冯谖先是到了魏国，在魏王面前极力称赞孟尝君。魏王听后，派使者黄金车骑，隆重地来聘请孟尝君。冯谖告诫孟尝君：“千金百骑，如此隆重的礼节，齐国一定听说了。您可不能答应梁惠王。”魏国使者三顾茅庐，孟尝君都没有答应。

齐王听到这个消息，顿时坐不住了，赶紧也派人带着丰厚的礼物来向孟尝君谢罪，请孟尝君看在先王的面子上，回国继续做齐国的国相。冯谖说这是第二窟。

冯谖又让孟尝君向齐王要先王的祭器，请求齐王允许在薛地建一座先王的宗庙。宗庙建成后，冯谖对孟尝君说：“好了，三窟都已经建成，从此您就高枕无忧吧。”果然，孟尝君为相数十年，从来没遇到一点儿灾祸。

看来，“狡猾”的兔子，是高瞻远瞩了自己的未来，避免了被猎人打死，被猛兽咬死。这样的“狡猾”我们就不该责怪了。

陶谷“照葫芦画瓢”

照着真葫芦的样子画葫芦，叫做“照葫芦画瓢”，那么，“照葫芦画瓢”的人，有什么样的结果呢？

“照葫芦画瓢”的俗语来源于《宋史》中的一个小典故。

北宋初年，翰林学士中有一位名叫陶谷的人，他经常接受起草文件的命令，许多以天子名义发布的诏书，都出自他之手。陶谷满腹经纶，但就是不敢标新立异。起草文书时，多是依据前人所写的旧本，改换几个词语而已。

多年过去，陶谷很想升迁。便托亲信官员在宋太祖赵匡胤面前推荐自己。一次，陶谷的亲信借机在赵匡胤面前进言，夸赞陶谷任劳任怨地工作，功劳不小。听后，赵匡胤明白其中缘由，哈哈大笑后，说：“这位老先生起草文件时总是照抄前人的旧本，只不过改头换面地编编而已。正如老百姓说的‘依样画葫芦’就行了，有什么功劳可表呢？”

陶谷听了赵匡胤对自己的评价，于是写了一首诗自嘲，其诗道：“官职须由生处有，才能哪管用时无；堪笑翰林陶学士，年年依样画葫芦。”

诗的大意是说，官职的获取要靠开创新局面，可是到需要创新的时候却察觉到自己的无能为力。我名义上是翰林学士，其实只是年复一年地按老套路写公文，比着葫芦画瓢，这岂不是让人笑话。在诗里陶谷悲叹自己缺少独创精神。

后来，诗里的“依样画葫芦”，逐渐演变成了“照葫芦画瓢”的俗语。葫芦成熟后，用锯截开两半，去掉中间的瓤，便成了“瓢”。

瓢来自葫芦，照着葫芦画瓢自然就是一件很容易的事情。“照葫芦画瓢”常被用来指一些人只知模仿别人，缺乏创新精神。

看来“照葫芦画瓢”是不可取的，它的结果是没有进步的。

因左思“洛阳纸贵”

洛阳的纸为什么涨价了？

“洛阳纸贵”语出唐代房玄龄等的《晋书 · 左思传》，其中有语：“于是豪贵之家竞相传写，洛阳为之纸贵。”

西晋时期的文坛，左思独领一时的风骚。

左思少时，学习书法古琴皆不成，读书上也很差。有一天，左思的父亲在与朋友聊天的过程中，透露了对左思的失望。失望的话语让小左思很难过，于是，他开始发奋勤学。左思坚持不懈地发奋读书，文章也写得非常好。十年的时间，他潜心研究，精心撰写，最后终于完成巨作《三都赋》。

起初，左思的《三都赋》并不为人所知。一些文人一见作者是位无名小卒，就根本不予细看，把《三都赋》说得一无是处。左思不甘心自己的心血遭到埋没，找到了当时位居司空的张华，张华对《三都赋》大加赞赏。

后来，皇甫谧为其写序，一些学者争相做注释，一部杰作开始被人们所知和认同，《三都赋》很快风靡了京都。由于当时还没有发明印刷术，都城洛阳的豪贵之家皆争相传抄，致使洛阳市场上的纸价上扬。

后来，“洛阳纸贵”一词也便由此而生，常用来称誉某些作品为世所重，迅速而广泛地传播流行。

“洛阳纸贵”亦作“纸贵洛城”。唐代卢照邻《双槿树赋》有句：“金悬秦市，扬子见而无言；纸贵洛城，陆生闻而罢笑。”

原来，“洛阳纸贵”因左思啊。

试想少时左思没有发奋读书；当遭人讥讽时，他灰心放弃；或是他没有遇到伯乐，就没有他后来的名声大噪了。由此，成功是要天时地利人和的。

“高山流水”伯牙遇子期

“高山流水”是我国十大古曲之一，其中包含着感人的友情故事。

春秋时期，有个叫俞伯牙的人，他精通音律，琴艺高超。俞伯牙年轻的时候聪颖好学，曾拜高人为师，但他总觉得自己还不能出神入化地表现对各种事物的深切感受。

伯牙的老师知道他的想法后，就带他来到东海的蓬莱岛上，让他欣赏大自然的景色，倾听大海的波涛声。伯牙受此地自然之景的感染，如临仙境，一种奇妙的感觉油然而生。他情不自禁地取琴弹奏，音随意转，把自然的美妙融入琴声，伯牙体验到一种前所未有的境界。

中秋之夜，俞伯牙乘船游览。当船至汉阳江口时，风浪狂起，大雨如注。不多时，雨霁云开。面对清风朗月，伯牙感慨万千，于是，他一边命童子焚香，一边开囊取琴。琴声悠扬，渐入佳境。

忽然，伯牙发现岸上有人驻足聆听。他走出船舱见是一个年轻樵夫，伯牙问话，那人对答，谈吐不凡。伯牙当即邀樵夫上船共饮赏月，此人便是钟子期。

二人谈话很是投机，情趣相当。伯牙弹起赞美高山的曲调，子期听后说道：“真好！雄伟庄重，巍巍乎意在高山！”当伯牙弹奏表现奔腾澎湃的波涛时，子期又说：“真好！宽广浩荡，汤汤乎志在流水！”伯牙善鼓琴，子期善听音。伯牙所念，子期必得之。

二人在船上谈了一夜，伯牙为兄，子期为弟。

天明临别时，俞伯牙承诺，明年这个时候，一定到钟子期家去拜访。

第二年，伯牙来拜访子期。谁知子期已经亡故，伯牙五内崩裂，泪如泉涌。在钟父的指引下，伯牙来到子期坟前，他命童子取来瑶琴，自己盘膝坐于坟前，抚琴弹奏。

许久，当弹完最后一曲，伯牙突然将瑶琴在子期墓前的祭石台上摔得粉碎，说道：“摔碎瑶琴凤尾寒，子期不在对谁弹？春风满面皆朋友，欲觅知己难上难。”

从此伯牙不再弹琴。他将子期的父母接到自己家中赡养，直至终老。

至此，一曲“高山流水”已落幕，伯牙和子期的友情境界一直为后人所崇尚和追求。

“奸臣”潘美委屈多

潘美有不白之冤。

在民间评书《杨家将》中，潘美被丑化为奸邪急功的大坏蛋，后来的传统剧目《杨家将》中，潘美又以大奸大恶的形象出现。陷害忠良卖国求荣、是与南宋秦桧同类的大奸大恶之人，承担这些潘美真的很冤。

据《宋史》中记载，潘美字仲询，大名（今河北大名东北）人，大宋王朝的开国名将。潘美行武出身，出仕后战功连连，官位一直升迁，他生平有过很多功绩。

潘美对宋王朝的第一大功是帮助宋太祖夺取王权、建立北宋。在宋王朝建立后，为了巩固自己的统治地位，宋太祖杯酒释兵权，以自己的的铁腕解除了开国诸将的兵权。但仅有一个人例外，此人就是潘美，由此可见，生性多疑的赵匡胤对潘美的信任程度。

之后，潘美又为宋朝立下了第二大功——说服后周群臣将领归顺宋统。陕帅袁彦，重兵在握，十分凶悍，又宠信小人，要与北宋分庭抗礼。潘美不顾个人安危，单人独骑去见袁彦，说服他入朝归顺，消除了宋太祖的心头之患。

其后，潘美南征北战，协平李重进，协征岭南，广北门役，征江南，说降陈，击北汉，战太原，抵辽军，为宋王朝立下了汗马功劳。是宋朝彻底的忠臣。

然而，对于杨业的不幸命运，潘美是爱莫能助的。在复杂的朝中背景之下事不关己，高高挂起，这样的处世态度没有错。被诬告成陷害杨业的小人，潘美实在是冤枉。

《宋史》传中，潘美位于列传第十七的位置，而杨业仅在列传的三十一位，排名差了许多。可见，潘美对宋朝的功劳，远远超过了杨业。

“陈世美”受冤深

陈世美是我们心中的一个符号，他代表了全天下所有薄情负心的男人。

传统戏曲《秦香莲》《铡美案》，让我们认识了陈世美这样一个人物，他为升官发财，忘恩负义、杀妻灭子的行为为我们所痛恨，他的总总罪行让人发指，我们甚至都找不到词来切齿痛骂发泄情绪。

然而我们都忘了这只是戏剧，是可以为了取悦群众，颠倒是非，任意虚构的表演节目。

真实的历史有另外一番样子。

《均州志·进士篇》和《湖北历史人物辞典》记载：陈世美又名陈

年谷、熟美，均州(即湖北均县，今十堰丹江口市)人，出身于仕宦之家，清初游学北京，顺治八年(1651年)辛卯科进士。初任河北某地知县，后因康熙帝赏识，升为贵州省分守思仁府兼石道按察使，兼布政使参政。陈世美为官清廉、刚正不阿，是当时的清官。

那关于陈世美的种种恶言从何而来呢?

陈世美进京会试时，因囊中羞涩，受过同科举子们的帮忙。后来，这些施恩图报的举子们投奔陈府，欲谋一官半职，但被陈世美婉拒了。于是他们顿生报复之念，连同他们的家人也都斥骂这个“忘恩负义”的陈世美。

举子们决定编戏骂陈世美，他们搜集社会上因图升官发财而忘因负义、抛妻弃子的事，然后将它们捏在一起，加在了陈世美的身上，编成戏剧《秦香莲》，在陕西、河南等地演出。

相传，清朝末年河南剧团在均州演出《秦香莲》时，引起陈世美家族众人强烈的不满，他们砸了该剧团衣箱，并殴打演员，使演出被迫停止。就是在现在当地仍有“北门街不唱陈世美，秦家楼不唱秦香莲”的俗话。

《铡美案》是戏曲的一个不得已的发展。《秦香莲》演出时看戏的人如浪似潮，观者更是骂声载道。在戏曲演出结束后，观众都不肯走，要求“杀了陈世美！”于是，掌班的灵机一动，宋朝的包拯斩了清朝的陈世美。

陈世美的负心汉形象被戏曲捏造了出来，真冤啊！

硬汉张飞粗中有细

提到张飞第一个跃于我们脑中的形象是什么？“猛张飞”这样的称呼，让他在我们心里，留下了什么样的印象?

鲁莽、轻率、有勇无谋，这是大多数人不需要思考就有的答案。可能源于他的勇猛，可能源于他的真性情，但我们误解张飞了。

“燕人张翼德在此，谁敢来决一死战。”这不是谁都敢说出口的话。“长坂桥头杀气生，横枪立马眼圆睁。一声好似轰雷震，独退曹家百万兵。”这也不是谁都能得到的称赞。这个人是张飞，也只有张飞。

张飞对有学问的人很礼遇。刘备打败刘璋后，收了上大夫刘巴为己用。张飞十分敬仰刘巴的名声，特地从老远骑马来拜访他，并在其住处投宿。刘巴却从骨子里看不起张飞，整个晚上都没有跟张飞说一句话。张飞异常尴尬，也很气愤，但没有抱怨一句。

张飞也惜英雄重英雄。张飞用计打败严颜，并将其虏获。在严颜与张飞对话过程中，严颜宁死不屈，张飞敬重其为人，于是将严颜放了，并让他当了自己的宾客。

张飞的脾气暴躁，有时候还有点轻率。他经常对士兵用刑，有时还杀错人。他每日鞭打犯错误的军官，打完之后又把这些人安排在身边，一点防备也没有。

最后，张飞在阆中被部下谋杀。汉怀帝刘禅于景耀三年（260年）追谥他为“桓侯”。

这样一段轰轰烈烈，有血有肉的描述，已经足够让我们认识粗中有细、真性情的张飞了。

诸葛亮不曾摆过“空城计”

《三国演义》第九十五回讲的是“马谡拒谏失街亭，武侯弹琴退仲达”，其内容被后人改编成京剧、晋剧、徽剧，冠以《空城计》的名字广为流传。

历史上的诸葛亮是否真的在西城凭三尺瑶琴，空城退敌过呢?

《三国志注》的作者裴松之曾经详细分析过此事，认为此说为虚。他解释说诸葛亮初屯阳平时，司马懿还在宛城为荆州都督，此时魏方主帅是张郃，因此司马懿不可能与诸葛亮交锋。

后来诸葛亮由阳平攻蜀，又值雨天，也没有打成，在此前后，就再没有魏、蜀在阳平交兵的可能了。因此，诸葛亮摆的“空城计”可能是《三国演义》作者为突出他智慧的需要而移花接木的结果，是小说家的虚构而已。

历史上是摆过几次“空城计”：

初秋时期，楚国大军一路连下几个城池，直逼郑国国都。郑国国力较弱，城内更是兵力空虚，无法抵挡楚军的进犯。郑国上卿叔詹，献“空城计”。“士兵们全部埋伏起来，不让敌人看见一兵一卒。店铺都照常开门，百姓往来如常，不露一丝慌乱之色。大开城门，放下吊桥，摆出完全不设防的样子。”

楚军被“空城计”骗过，大军连夜撤退，郑国渡过了难关。这就是中国历史上第一个使用“空城计”的战例。

飞将军李广也曾摆过“空城计”。西汉时期，匈奴不断兴兵进犯中原。飞将军李广任上郡太守，抵挡外敌南进。一次在与匈奴的作战中，李广以百名骑兵，应对数千名匈奴骑兵。

李广沉着地稳住恐慌的队伍，让他们不露声色的继续前进。到离敌阵仅二里地光景的地方，李广下令：“全体下马休息。”士兵们卸下马鞍，悠闲地躺在草地上休息，看着战马在一旁津津有味地吃草。

匈奴部将感到十分奇怪，派了一名军官出阵观察形势。见到敌军，李广立即上马，冲杀过去，一箭便射死了那个军官。然后又回到原地，继续休息。

匈奴部将见此情形，更加恐慌，料定附近定有伏兵，于是慌慌张张地引兵逃跑了。最终，李广的百余骑安全返回大营。

空城计，是一种心理战，赢在大胆，输在多疑。

至今讹传“孔明草船借箭”

也许是因为诸葛亮太出名了，也许是因为罗贯中太陶醉于笔下的这一人物，诸葛亮不无所不能就不甘心，以至于什么英明的好事都往他头上安。“空城计”如此，“草船借箭”亦如此。

诸葛亮，字孔明，是三国时期蜀国杰出的政治家、战略家、军事家。《三国志·诸葛亮传》中这样描述他：容貌甚伟，有英霸之气，时人异焉，聪明绝顶，有勇有谋。他官至丞相，一生功绩无数。

大诗人杜甫的《蜀相》有句：“三顾频烦天下计，两朝开济老臣心。”评价了诸葛亮一生的辛劳与忠心耿耿。诸葛亮是历史上的佼佼者，我们谁都承认。

但历史上草船借箭的主人公是孙权。

建安十八年(公元213年)，孙权与曹操两军对战，相持一个多月没分胜负。《三国志》中写道：“权乘大船来观军，公(曹操)使弓弩乱发，箭着其船，船偏重将覆，权因回船，复以一面受箭，箭均船平，乃还。”

一天，出于观察曹军动静的目的，孙权乘船出行。曹操令士兵用箭射船，箭落到船上，船因重倾斜就要翻了。孙权将船逆转，另一面对敌，乱箭落到这一面上，使船平衡了，孙权安全回到军营。

孙权起初没有料到船身会中这么多箭，弄得船要倾覆，他只是急中生智，设法让船身得到平衡而已，没想到却成就了“草船借箭”这一计谋。

看来又是一个“无心插柳，柳成荫”的天赐机缘，后来孙权又有三足鼎立的运气。

周瑜不是被气死的

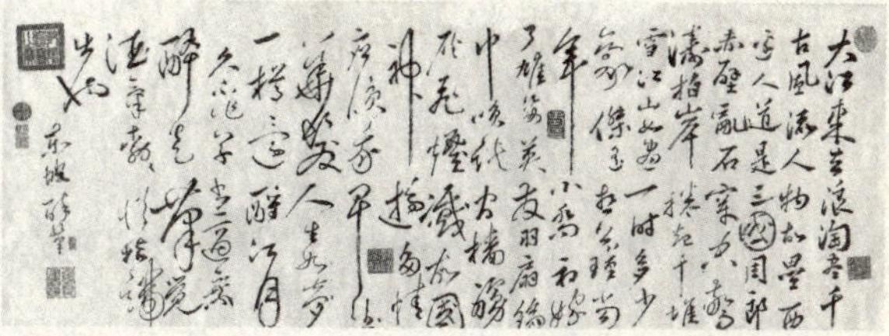

《三国演义》中有“三气周瑜”的故事，说周瑜是被诸葛亮活活气死的。唉！周瑜哪里是小肚量。

周瑜，身材高大、相貌英俊，又精于音律，他是东汉末年东吴集团著名将领，战略家，军事家。周瑜的一生有过很多功绩。

吴大帝孙权曾慨叹：“孤非周公瑾，不帝矣！”没有周瑜，我哪能尊称帝呢。

在孙权还只是个将军的时候，诸将及宾客都对他礼仪不全备，比较草率。只有周瑜对他敬慎服侍，完全按君臣之礼来对待。

赤壁之战中，面对来势汹汹的曹军，在已有张昭为代表的投降派的情况下，周瑜坚决主张抗曹，他向众将逐一分析曹军的弱点，让处在徘徊阶段的孙权，下定了抗曹的决心。后来孙权与刘备联合抗曹，结果大胜。此战奠定了三分天下的基础，是孙权能取得帝位的关键所在。

周瑜心胸开阔，以德服人。

程普曾一度和周瑜关系不好。他认为自己年龄比周瑜大，就多次欺辱周瑜。周瑜却始终折节容下，从不跟他一般计较。程普后来特别佩服周瑜，曾对人说：“与周公瑾交，若饮醇醪，不觉自醉。”与周公瑾交往，如同啜饮美酒，不知不觉就醉了！

这都是周瑜的真性格。

可惜的是，周瑜英年早逝。《三国志》鲁肃、周瑜本传中记载：周瑜确曾建议孙权攻取西川，孙权也接受了这个建议。于是周瑜出兵西川，但在途中“于巴丘病卒”，可叹！年仅三十六岁。图进中原大业未成，然而，周瑜的历史功绩不容抹灭。

王衍“信口雌黄”

我们常用成语“信口雌黄”来形容那种不顾事实、随口乱说的行为。“信口”即随口的意思，那“雌黄”呢？它是一种矿物，又怎么和“信口”联系在一起呢？又是谁“信口雌黄”了？

“雌黄”即是鸡冠石，一种黄色矿物，常用作颜料。由于古时纸张也是黄色，雌黄曾被作为最好用的涂改物。写字过程中，若写错了，用“雌黄”一涂，便可以重写。有了这样的解释，“雌黄”和“信口”联系在一起就不难理解了，它们有不顾事实、可变等共同特征。

把“信口”与“雌黄”联系在一起的人是西晋的王衍。

魏晋时期，社会上盛行一种清谈之风，王衍便是当时有名的清谈家。他口不出“钱”、善言辩，少时便显露出惊人才华，更是清谈家一时的首领。

王衍喜欢老庄学说，出任元城县令后，他很少办公事，经常约人在一起没完没了地谈论老庄玄理。王衍自比是孔子的学生子贡，总是手里拿着鹿尾拂尘，侃侃而谈。

王衍的言论经常前后矛盾，漏洞百出，有人质疑时，他随口更改，随心所欲。因此，他被当时的人们说成是“信口雌黄”。

这便是晋人孙盛《晋阳秋》中的记载：“王衍，字夷甫，能言，于意有不安者，辄更易之，时号口中雌黄。”

信口，随口说；雌黄，随意改。王衍对文学的任意态度，是出于什么样的原因都不可取的，事实需要被尊重。

“唐伯虎”未曾“点秋香”

名人是非多，绯闻自然也不会少，这不著名才子唐伯虎就传出了“点秋香”的绯闻。

大概是因为“唐伯虎点秋香”符合人们对美好爱情的想象，这则绯闻很受民间大众的欢迎，于是就越传越真，最后就让多数人信以为真了。然而事实是它确实不真。

唐伯虎是明代苏州人，由于生于寅年寅时，故名唐寅，寅为虎，故取字伯虎，后改字子畏。唐伯虎自幼聪颖，能诗擅画。十六岁中秀才，二十九岁到南京参加乡试，又中解元，三十岁赴京会试，却受考场舞弊案牵连被贬为吏。

唐伯虎一生共有三位妻子。十九岁娶徐氏，几年后徐氏病故。二十七岁时续弦，娶妻何氏，后因其贫困潦倒，何氏离他而走。幸亏遇到一位名喊九娘的青楼女子周济他。后来，他便娶了九娘为妻，专心作画，成为图画妙手。

据专家考证，历史上确有秋香其人，她原名林奴儿，秋香是她的号。而她的年龄至少要比唐伯虎大20岁，与唐伯虎毫无感情瓜葛。

据《正史丛刊》等古籍记载，秋香出身官宦人家，小时因父母早逝，孤身一人投靠在金陵为官的伯父。

秋香聪明伶俐，熟读史书，深得她伯父喜欢，后来因为官司牵连，她伯父被罢官下狱，秋香被没籍充入官妓。

此时的秋香已经长得风姿秀逸，经教坊训练，很快熟悉歌舞声乐。又由于人品出众，才学兼优又善于应酬，秋香的名声很响，曾在金陵被誉为“冠于芳首”。

后来秋香脱籍从良，与一位姓李的公子情投意合，结为伉俪。

由上可证，唐伯虎从未有过“点秋香”的艳遇，他们两人皆有各自的归属。

对于我们，“唐伯虎点秋香”的传奇，当做作家虚构的故事听听看看笑笑罢了。

千古痴情，尾生“蓝桥抱柱”

“尾生之信”“抱柱之信”都是坚守信用的意思，《史记·苏秦传》有语：“孝如曾参，廉如伯夷，信如尾生。”那么，尾生到底守信到什么程度呢？

春秋时，鲁国曲阜有个年轻人名叫尾生，他为人正直，乐于助人，和朋友交往很守信用，受到周围人的普遍赞誉。

尾生后来迁居梁地（今陕西韩城南），他在那里认识了一位年轻漂亮的姑娘，两人一见钟情，君子淑女，私订终身。但是姑娘的父母嫌弃尾生家境贫寒，坚决反对这门亲事。

为了追求爱情和幸福，姑娘决定背着父母，随尾生回到曲阜老家去。两人约定在韩城外的一座木桥下会面，双双远走高飞。

黄昏时分，尾生提前来到桥下等候。不料，天气骤变，滂沱大雨倾盆而下。不久山洪暴发，滚滚江水裹挟泥沙席卷而来。

“城外桥下，不见不散”尾生想起了与姑娘的信誓旦旦；四顾茫茫水世界，仍不见姑娘踪影。但尾生寸步不离，死死抱着桥柱，终于被活活淹死。

等姑娘来时，看到紧抱桥柱而死的尾生，悲恸欲绝。她抱着尾生的尸体号啕大哭，阴阳相隔，生死一体。

哭罢，姑娘便拥着尾生的尸体纵身投入滚滚江水中，谱写了中国文学史上第一幕凄美的爱情故事。

宁可被洪水淹没也坚守誓言的尾生，实在是信守承诺的贤者。

历代文人对尾生之举很是褒扬，李白《长干行》中叹道：“常存抱柱信，岂上望夫台。”汤显祖《牡丹亭》里有感：“尾生般抱柱正题桥，做倒地文星佳兆。”

至今，人们仍被“魂断蓝桥”的千古痴情故事感动着。

萧郎原来是情郎

测字先生程省曾这样给一个求婚姻的人批“绣”字：“看这个繡(绣)字的左右，正是红丝紧系蕭(萧)郎足也，郎才女貌，郎情妾意，姻缘自成圆满也。更何况字末三川六段，合于天地交泰之意。所以夫妇偕老，白头共好。”一番话倒是好话，但“萧郎”是谁呢?

若翻看《全唐诗》，这个词就不陌生了，唐、宋、清的许多爱情诗中的女主人公所思慕的男恋人都叫“萧郎”。唐代诗人崔郊的《赠婢》有这样的诗句：“公子王孙逐后尘，绿珠垂泪滴罗巾。侯门一入深如海，从此萧郎是路人。”唐末范摅所撰笔记《云溪友议》中记载了崔郊《赠婢》诗的由来：

唐代元和年间，崔郊与其姑母的一个婢女互相爱恋，后来婢女被一个显贵所买。崔郊念念不忘，思慕不已。一次寒食，婢女偶尔外出与崔郊邂逅，崔郊百感交集，写下了这首《赠婢》。那位买走婢女的显贵也是性情中人，读罢此诗，便让崔郊把婢女领去了。

那萧郎是怎么成的情郎?

汉代刘向《列仙传》中讲述了一个故事：“萧史者，秦穆公时人也，善吹箫，能致白孔雀于庭。穆公有女字弄玉，好之。公遂以女妻焉。”后遂用“弄玉”泛指美女或仙女，用“萧史”借指情郎或佳偶，又称“萧郎”。此为萧郎一种说法。

还有一种说法是，“萧郎”即梁武帝萧衍。

《梁书·武帝纪上》记载：迁卫将军王检东阁祭酒，俭一见(萧衍)，深相器异，谓卢江何宪曰：“此萧郎三十内当作侍中，出此则贵不可言。”这个萧郎，就是梁武帝萧衍。梁武帝风流多才，在历史上很有名气。所以“萧郎”二字流传甚广，后泛指女子所爱恋的男子。

“乘龙快婿”是萧史

“乘龙快婿”用来指好女婿，可这女婿到底有多好呢?

据说此词出自《历代神仙通鉴》里的一个传说。

春秋时期，秦穆公的女儿弄玉，不仅生得花容月貌，而且爱好音乐，擅长吹笙。但弄玉性情孤僻，尤其厌恶宫里繁琐的礼仪。

到了婚嫁年龄，穆公欲为女儿召邻国王子为婿，将来可做国君夫人，弄玉却说：“不求王孙华贵，只祈善于吹笙，骈能唱和，方为眷属。”穆公珍爱女儿，只得依从于她。

有一日，弄玉公主在月光下赏月，倚著栏杆吹起笙来。这时似是有一阵袅袅的仙乐，在和着公主的玉笙。公主静听，曲调美妙极了，乐声是从东方远远传来的洞箫声。一连几夜，都是如此。

后来，弄玉把有人在远处为她伴奏的事情告诉了穆公。穆公便派人根据公主所说的方向去寻访吹箫的人。

一直寻到华山，果然找到了一个吹箫的翩翩男子，他名叫萧史。来人将萧史带到秦宫，正好是中秋节。穆公见他举止潇洒，风度翩翩，心里十分高兴。于是，请萧史吹箫。萧史取出箫，吹了起来。箫声动听无比，让人听了不由得产生飘飘欲仙之感。

秦穆公对萧史很满意，于是萧史和弄玉结成了夫妻。婚后，他们的生活非常和美幸福。

一天晚上，奏完笙箫之后，萧史对弄玉说：“我很怀念华山幽静的生活。”弄玉也说：“这宫廷生涯，我压根儿就厌烦，我愿意与你同去享山野的清静。”从此二人便隐居在华山的中峰之上。

有一天，弄玉带着笙乘上彩凤，萧史带上箫跨上金龙，一时间龙凤双飞，双双升空而去。

当时的人们便把萧史称为“乘龙快婿”。

后人根据这个故事，将理想佳婿称为“乘龙快婿”，“乘龙快婿”一语成了一个可以替代女婿的、含有嘉许之意的名词。

让梨孔融“想当然”

我们称凭主观推断，认为事情大概就是那样的想法为“想当然”。然而，当年孔融的“想当然”却是他致死的祸端。

东汉末年，曹操赢得官渡之战，领兵攻破了袁绍的驻地邺城(今河北省临漳县)。曹操的儿子曹丕随军入城，发现袁绍的儿媳甄氏长得十分漂亮，就想强占为夫人。经曹操特批后，曹丕便迎娶了甄氏。

孔融早就看不惯曹操，对此事更是极为不满意。他写了一封信给曹操，信中说道：“武王伐纣，杀了纣王后，把纣王的宠妃妲己赐给了周公。”我们知道，历史上周武王灭商后，把纣王连同妲己一起杀掉了，还把两人的头悬挂到白旗上示众，更没有将妲己赐给弟弟周公之说。信是孔融的胡诌，意在讽刺曹操。

曹操看完信后不解，孔融一向以学问大著称，于是曹操便虚心地向孔融请教，问他哪本书里记载了这件事。孔融回答道：“以今度之，想当然耳。”意思是说用现在的事例推测，就能设想会发生那样的事。

这句话一说，曹操大为恼火，但孔融是有名的大臣，还不能立即拿他怎么样。后来，又有几次，孔融公然反对曹操。最后，曹操以“不孝”的罪状将孔融处死，而“不孝”是曹操罗织的不实罪状。

曾经“让梨”的神童，因太被人们尊崇，也就太恃才傲物了，如若事不关己，高高挂起，也就不致命运如此了。

话说回来，对于已然的历史，我们都属置身事外，也就没有评价的权利，那也就不多说了。所幸的是今天的我们可以任意地“想当然”了。

李贺“呕心”，韩愈“沥血”

“呕心沥血”常用来形容为了工作或是某些事情而穷思苦索，费尽心血。李贺呕心，韩愈沥血。

“呕心”见于《新唐书·李贺传》。李贺是唐代著名诗人，他从小就喜欢写诗，为后世留下了不少脍炙人口的作品。

李贺写诗注重写实，他不喜欢先立个题目再冥思苦想，而是常常到处游览考察，考察过程中见到好的景物，感兴趣的题材，他就动手记写下来作为资料，资料搜集完，他在家中将它们整理成篇。

李贺早晨便拉着小毛驴出门，身上背着书囊布袋，外出四处周游。随时看到什么触动情怀的便记下，放人书囊中。李贺的母亲知道儿子勤奋的创作习惯，更了解自己的孩子身体差，很是心疼。每当李贺回到家后，她就检查他的书囊。当发现儿子书囊中有很多记有诗句的纸片时，便关切地嗔怪：“是儿要呕出心乃已耳。”说的是，你这孩子，要把心呕出来才肯罢休啊!

李贺专注于作诗，最终因心力耗尽，于27岁便英年早逝。李贺的逝去无疑是中国文坛的一大遗憾，他的诗句如“天若有情天亦老”“黑云压城城欲摧”“雄鸡一声天下白”“石破天惊逗秋雨”等等，均是代代相传的名句。

韩愈的《归彭城》一诗写作：“我欲进短策，无由至彤墀。刳肝以为纸，沥血以书辞。”又是一位刻苦铭心、竭尽忠诚的文字爱好者。

韩愈，北宋文学家，唐宋八大家之首。诗中“刳肝以为纸，沥血以书辞”的诗句，尤让我们敬重。肝作纸，血为墨，可见书写文章时的煞费苦心。

诗人李贺的“呕心”故事，文学家韩愈的“沥血”诗，组合而成的“呕心沥血”是份难得的孜孜不倦。

周昌、邓艾“期期艾艾”

我们经常会使用到“期期艾艾”这个词语，但你知道它来源于哪里吗?

《史记·张丞相列传》里说，周昌口吃，说话时“期”字重复说成“期期”。《世说新语·言语》里说，邓艾口吃，一开口就要说“艾艾”。“期期艾艾”形容口吃的人说话不流利。

周昌，西汉人，汉高祖刘邦的同乡。他性情耿直，敢于直谏，但是口吃说起话来很费劲。

刘邦晚年宠幸戚夫人，几次萌发改立太子的念头。一次，朝中争论废太子的事情。朝中大臣们都不主张改立，主要因为以长子为太子，符合封建传统，合理也合法。

这时，周昌也出来说话，明确表示反对无故废太子。周昌本来说话就口吃，加上情急，最后说急了，他脱下官帽道：“臣口不能言，然臣期期知其不可！陛下欲废太子，臣期期不奉诏！”其中，“期”作“极”字解，周昌话中的“期”字叠用，是他口吃的缘故。

邓艾，三国时期魏国杰出军事家。他目光远大，见解超人，很有战略头脑，屡次攻蜀有功，封为“邓侯”。《世说新语·言语》载，邓艾也口吃，自称“艾”的时候，常常说成“艾艾”。

周昌的“期期”加上邓艾的“艾艾”，组合成现在人们使用的“期期艾艾”，用来形容口吃者吐辞重复，说话不流利，或指人言谈时结结巴巴，口齿不清。

现在“期期艾艾”说清楚了，这里还要批评一些人的误用。有这样一段文字：“自以为能考上名牌大学的他绝对没有想到，期期艾艾竟盼来一所专科学校的录取通知书。”这里的语言环境和形容口吃的“期期艾艾”是没有任何关系的，作者误将“期期艾艾”当作“期盼多时”理解了。

某杂志描述一个犯罪的女孩时这样写道：

“她虽然罪大恶极，但她对自己的过去非常悔恨……她对自己的朋友期期艾艾地说：‘我承认我是个坏女孩，我对不起我的父母，对不起教育我的老师，对不起我的朋友。’”

文中的“她”可能因情绪低落，说话结结巴巴、断断续续，然而文中并没有用省略号作相应的标示；由全文可以看出“她”的语言是流畅的，甚至可以说是一气呵成，此处“期期艾艾”又误当“自怨自艾”解释了。

“围魏救赵”孙膑的智慧

“围魏救赵”是三十六计中相当精彩的一计，它也是一个我们现在在大力宣扬的逆向思维方式的实例。

“围魏救赵”出自《史记·孙子吴起列传》，讲的是一个表面看来是舍近求远，实际上却是从事物的本源上去解决问题，最后能一招致胜的精彩智谋。

战国时期，魏惠王因旧恨派大将庞涓领兵攻打赵国，赵国都城邯郸被围困。第二年，赵王派人求救于齐威王，并以中山之地为回报。

说到中山，这里要插一段曲，中山原为魏国所收服的一个小国，后来被赵国强行占领，此次魏国围攻赵国就是为了报此旧仇。

齐王命田忌为将军，孙膑为军师，领兵八万去营救赵国。

田忌准备直接去邯郸解围，孙膑制止道：“解乱丝，不能用手强拉硬扯；要制止双方争斗，就不能帮着打架。现在魏国精锐兵力倾国而出，内部非常空虚，如果我们直攻魏国都城大梁，大梁受到我军压境威胁，庞涓必回师解救，这样一来，邯郸之围定会自解。而魏军全力攻城，又长途劳顿赶回魏国，一定更加疲惫。我军先站定险要地方，魏军就更不堪一击了。”

田忌依计而行。果然，一切如孙膑所料的发生，解了赵国之围，齐国也没费多少力气就大获全胜，得了小国中山。

这便是历史上有名的“围魏救赵”的故事，它的取胜之处在于逆反常理，逆向思考，至今也仍为我们学习和研究。

祖逖、刘琨“闻鸡起舞”表奋发

“闻鸡起舞”是及时振作的表现，那最初实践这句话的是谁呢？

“闻鸡起舞”语出房玄龄等著的《晋书·祖逖传》：“与司空刘琨俱为司州主簿，情好绸缪，共被同寝。中夜闻荒鸡鸣，蹴琨觉曰：‘此非恶声也’，因起舞。”

晋人祖逖小时候是个不爱读书的淘气孩子，然而，后来他却成了一个胸怀坦荡、具有远大抱负的青年，最后又能实现建功立业、报效国家的远大愿望，这其中缘由是值得我们去探求的。

青年时代的祖逖，意识到自己知识的贫乏，深感不读书无以报效国家，于是就发奋读起书来。他广泛阅读书籍，认真学习历史，从中汲取了丰富的知识，学问大有长进。他曾几次进出京都洛阳，凡接触过他的人都说，祖逖是个能辅佐帝王治理国家的人才。

祖逖24岁的时候，曾有人推荐他去做官，他没有答应，仍然不懈地努力读书。后来，祖逖和幼时的好友刘琨一起担任司州主簿。他与刘琨感情深厚，不仅常常同床而卧，同被而眠，而且还有着共同的远大理想：建功立业，复兴晋国，成为国家的栋梁之才。

一次，半夜里祖逖在睡梦中听到公鸡的鸣叫声，他把刘琨踢醒，对他说：“别人都认为半夜听见鸡叫不吉利，我偏不这样想，咱们干脆以后听见鸡叫就起床练剑如何？”刘琨欣然同意。于是他们每天鸡叫后就起床练剑，寒来暑往，从不间断。

功夫不负有心人，经过长期的刻苦学习和训练，他们终于都成为能文能武的全才。祖逖被封为镇西将军，实现了他报效国家的愿望；刘琨做了征北中郎将，也充分发挥了他的文才武略。

这样一段成功历程，是我们不能静看旁观的。我们可以蹉跎岁月，可以犯些小错，这是青春允许的态度，然而，一定要记得该“起舞”的时刻。

受恩知报，韩信“一饭千金”

“一饭千金”是不是奢靡了点?

《史记·淮阴侯列传》记载：“信钓于城下，诸漂母漂，有一母见信饥，饭信，竟漂数十日。”又：“信至国，如所从食漂母，赐千金。”

“一饭千金”讲的是汉朝开国大将韩信的一段往事。

韩信年轻的时候，在家乡淮阴过着非常清苦的日子，他时常到河里去钓鱼，希望能碰着好运气。但这毕竟不是生存之道，韩信整天处于饥寒交迫的状态。

在韩信时常钓鱼的地方，有很多漂母（清洗丝棉絮或旧衣布的老婆婆）在河边做工，其中一个老婆婆对韩信非常同情，便常常自己省出一些钱周济他，也经常弄点饭给他吃。

那位仅能以双手勉强糊口的老婆婆的帮助，给了处于困境中的韩信温暖，他异常感激，便对老婆婆说：“我定会重重地报答你的。”然而，老婆婆听了韩信的话后很生气地说：“看到你没吃的，我给你饭吃，这只是出于同情，并没有要你报答我。”

后来，韩信有了出头之日，他辅佐刘邦取得了天下，被封为“楚王”。韩信回到家乡，找到当年给他饭吃的那位老婆婆，给了她千两黄金作为答谢，是为“一饭千金”。

看到这里，“一饭千金”就非奢靡了，它是知恩图报的最佳体现。

“一饭千金”说的是受人恩惠，不忘抱恩的故事，它也从另一个角度说明了雪中送炭的难能可贵。

齐景公甘为“孺子牛”

现代文学家鲁迅有名句“横眉冷对千夫指，俯首甘为孺子牛”，“孺子牛”的形象为我们熟知，用它来比喻心甘情愿为人民大众服务，无私奉献的人。齐景公的甘为“孺子牛”是说他心甘情愿为他的臣民无私奉献吗?

“孺子牛”出自《左传·哀公六年》，其中记载了一段齐景公及其儿子荼的故事。

齐景公晚年，宠爱荼的母亲芮姬，因此对荼特别偏爱。有一次他与荼嬉戏，为了使荼玩得开心，身为一国之君的景公竟然口里衔根绳子，学做牛趴在地上，让荼牵着走。

在游戏的过程中，不料，荼不小心跌倒了，他牵扯手中的绳子，拉脱了景公的牙齿。

齐景公临死前，立庶子荼为国君，并

让国惠子，高昭子辅佐荼。

后来，齐国田乞用计除掉了国惠子、高昭子，派人接回外逃的阳生，准备立他为国君。

在征求大夫们，改立国君意见时，大臣鲍牧对田乞说："汝忘君之为孺子牛而折其齿乎？而背之也！"意思是，你们忘记景公为了荼开心当牛拉脱了牙齿的事吗？荼是景公立的呀，怎么能违背遗命！

然而，这句话没有改变齐王朝的命运，田乞发动了宫廷政变，弑杀幼君吕荼，立了吕阳生为新君，即是齐悼公。荼为晏孺子。

不管晏孺子的结局怎样，齐景公为晏孺子的牛是源于父母对子女的过分疼爱。

"司马衷"史上最白痴的皇帝

前面说到的"八王之乱"中，有这样一个人，他飘摇在政治风云中，无力掌舵自己的命运，最后至死也是不明不白，此人便是晋惠帝司马衷，后人评说他是史上最白痴的皇帝。

司马衷于太熙元年继位，在位期间，闹了很多贻笑天下人的笑话。

一次，司马衷的老师给他讲"不平则鸣"的故事，说做臣子的要一心为公，遇到对老百姓不公的事情，要敢于站出来为老百姓说话。

过了几天后，司马衷在池塘处游玩，正与宫女们疯玩时，他听到了池塘里一片咕咕呱呱的叫声，他便认真地问左右随从："这些咕呱乱叫的东西是为公家而鸣，还是为私家而鸣呢？"被问到这样的问题，随从感到很可笑，但又能不回答，就说道："在官家里叫的，就是为官而鸣；在私家里叫的，就是为私人而鸣。"司马衷觉得此答案符合老师所讲，连连点头称是。

还有一次，闹灾荒，老百姓没饭吃，饿死了很多人。有人把这一情况报告给司马衷，但司马衷却问来报告的人道：“没有粮食，他们为什么不吃肉粥呢？”这一反问可是一绝，这个皇帝也真是庸愚弱智，让人哭笑不得啊。

后来发生的“八王之乱”让我们有些同情这位愚皇帝。“八王之乱”之初是司马衷的叔祖赵王司马伦篡夺了他的帝位，并以他为太上皇，囚禁他于金墉城。后又有齐王司马冏与成都王司马颖起兵反司马伦，铲除司马伦及其党羽后，又迎司马衷复位。后又经历诸王辗转挟持，司马衷形同傀儡，受尽凌辱。

公元306年，东海王司马越将司马衷迎回洛阳，司马衷到洛后不久死去。经历“八王之乱”后，江山易主，司马衷的人生悲剧算是落幕了。

相传是司马越毒死了司马衷，然而，退出历史舞台对司马衷来说，是件幸事。被人掌控的命运，成或败都是悲剧。

倡廉洁明太祖“四菜一汤”

“四菜一汤”顾名思义，一餐四样菜一碗汤。国家主席胡锦涛曾以一道冷盘，翠汁鸡豆花汤、中式牛排、清炒茭白芦笋、烤红星石斑鱼的“四菜一汤”样式招待美国总统奥巴马。

“四菜一汤”的说法由来已久，相传它是明太祖朱元璋发明的。那朱皇帝的四样菜是哪四样？汤又是什么汤呢？

朱元璋当上皇帝后，遇上天灾，各地粮食欠收，百姓的生活十分不好过。但是朝中权贵却过着穷奢极欲、花天酒地的生活。出身贫苦、曾以讨饭为生的朱皇帝，十分看不惯群臣的这种做法，决心整治。

在马皇后的生日宴会上，太祖抓住了机会，他在众多前来贺寿的大臣面前，摆出了粗菜淡饭。

太祖摆出了下面的五样菜式：

第一道是炒萝卜，第二道是炒韭菜，三四道是两大碗青菜，最后一道是极普通的葱花豆腐汤。见众臣面面相觑，太祖解释道："萝卜，百味药也，民谚有'萝卜上市，药铺关门。'之说。""韭菜生命力旺盛，四季常青，国家长治久安定人心。""再则，两碗青菜两袖清风。""小葱豆腐汤清清白白。"

接着，朱元璋当众宣布："今后众卿请客，最多只能'四菜一汤'这次皇后的寿宴即是榜样，谁若违犯，严惩不贷。"听罢，群臣知道了朱元璋的用意。

"四菜一汤"的规矩由宫廷传到民间。明太祖的"四菜一汤"为反腐倡廉作出了榜样，人民总理周恩来亲自制定，国宴上以"四菜一汤"为标准，一直延续至今。

杜鹃啼血，望帝精神佳

啼血的杜鹃是望帝，你知道吗？好好的一国君王为什么要化作一只鸟呢？

杜宇为传说中的古蜀国国王。周代末年，杜宇七国称王，他始称帝于蜀，号曰望帝。

望帝当国王的时候，很关心老百姓的生活，他教导老百姓怎样种植庄稼，叮嘱人民要遵循农时，搞好生产。他热爱百姓，因此百姓个个也都爱戴他。辛苦了许多年后，蜀国成了丰衣足食、锦绣一般的天府之国。

某年，在湖北荆州一个井里的大鳖成了精灵，幻成了人形。可是，他刚从井里来到人间便不明原因地死了，它的尸体在河上漂流着。奇怪的是它的死尸漂在哪里，那里的河水就会向西流。

因为河流上的东西都是顺流而下，鳖灵的尸体却逆流而上，尸体漂到岷山山下的时候，好事者便把这个尸体打捞上来。更令人吃惊的是尸体刚被打捞上来竟突然活了过来，他径自跑去朝拜望帝，自称叫做“鳖灵”。

鳖灵来到蜀国后，帮助望帝治理了危害民众多年的水灾，避免了百姓遭殃受罪。望帝见鳖灵为国立下了汗马功劳，加上他又是难得的人才，就自愿把王位禅让给鳖灵。鳖灵受了王位，号称开明帝，又叫丛帝。

可是，后来情况却起了变化。丛帝开始居高自大，行事也独断专行起来，他不倾听臣民的意见，也不体恤老百姓的生活。

远在西山的望帝听到这样的消息后，寝食难安。于是，他决定回到宫中，来劝导丛帝。

然而，事情中途又起了变化，望帝和丛帝之间产生了误会，最后望帝被拒于城门之外。

面对此种境况，望帝想到化作鸟来进行劝导。于是，他便化为一只会飞会叫的杜鹃鸟，而且最终“杜鹃鸟”劝化了丛帝。

望帝已经变成了杜鹃鸟，他没办法再变回原形，于是，他下定决心用“杜鹃鸟”的身份，来劝诫以后的君王要爱民。

望帝化为的杜鹃鸟不分昼夜地对千百年来的帝王叫着：“民贵呀！民贵呀！”可是，后来的帝王很少能听进劝诫，所以杜鹃鸟苦苦地叫，叫出了血，把嘴巴染红了，此为“杜鹃啼血”。

杜鹃鸟努力不息的劝诫精神感动了后代人，世世代代的四川人都坚守着“不打杜鹃”的郑重承诺。

文思好，祢衡“文不加点”

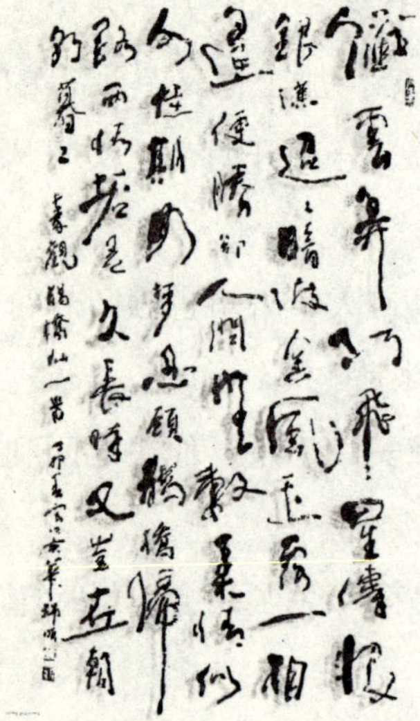

“文不加点”而成的文章是什么样的？这点我很好奇，因为总是有人误解成是“一篇文章从头到尾不加标点”。

追究“文不加点”的词义前，我们得先认识一下祢衡。

祢衡，字正平，汉末文学家。他擅长文章辞赋，文采斐然，孔融深为其文采折服。

祢衡虽是东汉末年少见的才子，但他性格刚毅傲慢，狂放不羁，喜好讥嘲权贵。祢衡最先在曹操手下效力，但因他多次侮慢曹操，而被曹操送至刘表处，想借他人之手除掉他。

后来，刘表也忍受不了祢衡，又把他转送至江夏黄祖处作书记官。任内，祢衡读到蔡邕所作碑文，过目不忘，事后默写，一字不误。此事深受黄祖之子黄射敬佩。

一次，黄射在洲上大会宾客，有人献鹦鹉，黄射让祢衡写赋以娱宾客。祢衡提笔而作，一气呵成，文章辞采斐然，这便是有名的《鹦鹉赋》。南朝梁代文学家萧统在《祢衡<鹦鹉赋>·序》中评价祢衡道：“衡因为赋，笔不停缀，文不加点。”

自祢衡流下“文不加点”这一典故。此中的“点”是墨点。古时写文章写错的地方即涂上墨点，表示删去。祢衡写文章作赋，动笔不停，没有一处修改删除的地方。因此“文不加点”表示文章一气呵成，无须涂改，形容人文思敏捷，下笔成章。

然而，出众的才华未能改变祢衡的命运，他最终因触犯黄祖被杀。

另外，补充说一点，文章中使用标点，是近代才有的事，标点与祢衡的文章是挨不上边儿的。

因穷，王恭“身无长物”

身无长物，指除自身外再没有多余的东西，用于形容贫穷。“长物”指的是多余的东西，因为太穷，王恭“身无长物”。

刘义庆的《世说新语·德行》讲了王恭的故事。

王恭在外面住了一段日子之后回到家里，同宗族的一个叫王忱的前辈去探望他，看到他坐在一张六尺长的竹席上，王忱非常喜欢王恭坐着的那张竹席，就开口对王恭说：“你刚从外边回来，一定有多余的竹席，能否送一张给我。”

王恭没有立刻回复王忱，而是在他走后，派人把自己坐的那张竹席给王忱送了过去。自此王恭自己就只能坐在草垫上。

后来，王忱听说了这件事，非常吃惊，他对王恭说：“我本来以为你还有多余的竹席，所以才向你要的。没想到你却将仅有的一张竹席送给了我。”王恭回答道：“丈人不悉恭，恭作人无长物。”他说的是，您还不太了解我，我在日常生活上，从来没有多余的东西。

现在，总会有人误将“身无长物”理解成没有特长。出自典故的“身无长物”并不是说一个人没有任何优点，而只是说一个人除了自身外再没有多余的东西。

生活清贫者可“身无长物”，生活不贫穷但喜爱简朴者也可能“身无长物”，没有技艺的人也可以“身无长物”，但绝不能称是“身无长物”。

因清廉，于谦“两袖清风”

于谦笑说：“我带有两袖清风！”，袖里装风，不就是什么也没带吗？带风有什么寓意呢？我们一起去看看这话背后的故事。

明朝期间，朝野上下，日趋腐化，贪污贿赂成风。有一次，出任兵部侍郎的于谦从河南回京奏事，身边的人劝他按官场的风气，带一些当地的土特产，诸如绢帕、蘑菇、线香之类，进献给皇上和朝中的权贵。于谦却举起两袖笑笑说：“我带有两袖清风！”

于谦也就这件事作了一首诗来回答他的同僚，诗《入京诗》载在同代都穆的《都公谭纂》上：“绢帕蘑菇并线香，本资民用反为殃。清风两袖朝天去，免得闾阎话短长。”

大意是说，绢帕、蘑菇、线香等土特产，本来应当由老百姓自己享用，只因为官吏征调搜刮，倒使百姓遭殃了。我无论何时还朝，都不带东西，以两袖清风进京朝见天子（古时，人们把钱物等放在长袖中），免得百姓（闾阎是指古代平民居住的里巷的门，代指平民百姓。）对我不满。

至此，我们看到了于谦“两袖清风”的清廉。

于谦是明代著名的民族英雄。他曾先后在监察御史、巡抚、兵部尚书等官位上尽心工作，对人们有过很多的贡献，深受人们的敬仰。

为了表示对于谦的敬意，人们便用“两袖清风”来形容为官廉洁的官吏。后来推而广之，也比喻穷的一无所有。现在我们更多用它来形容那些为官清廉、不贪赃枉法、严于律己的人。